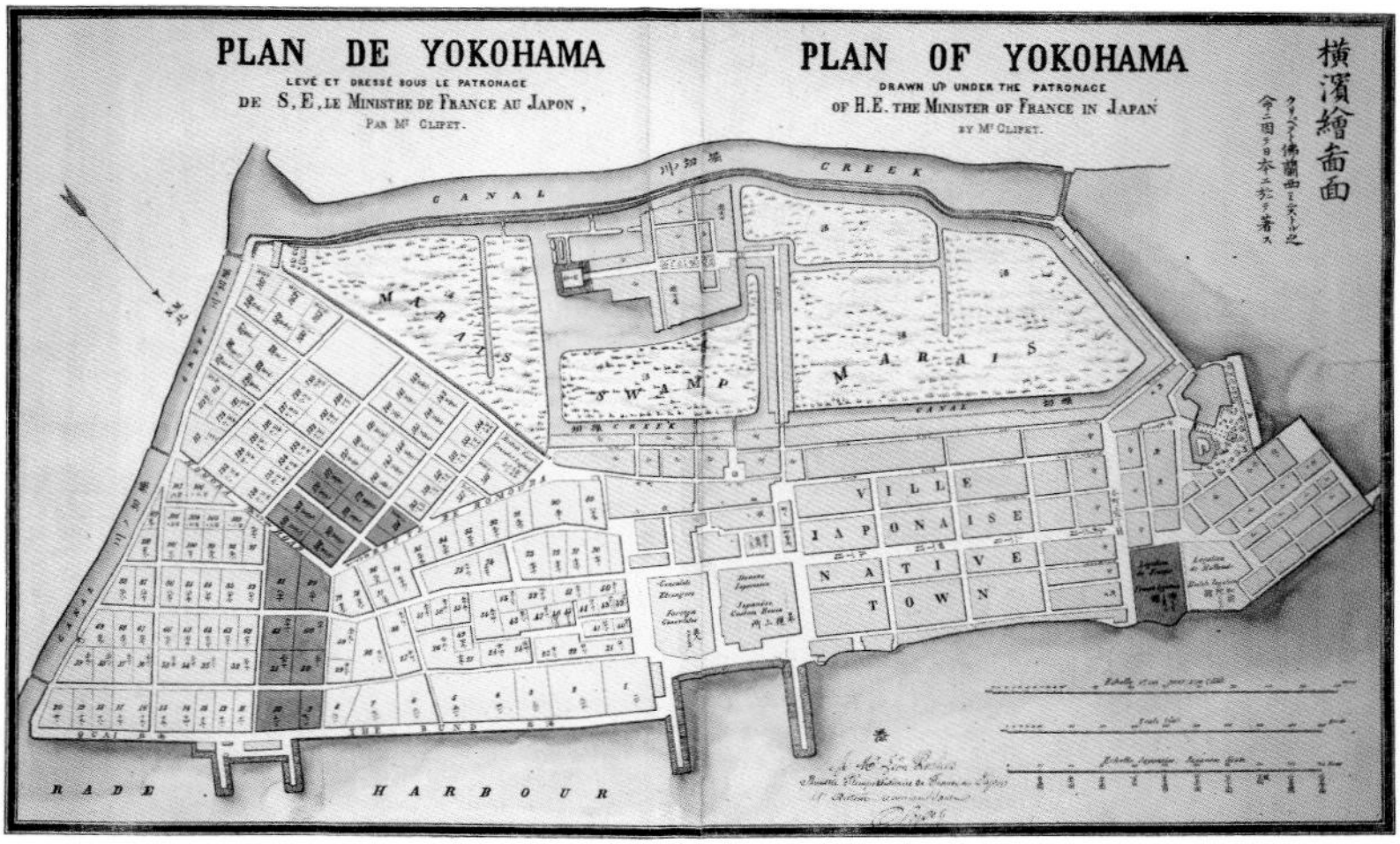

M・クリペ「横浜絵図面」(1865年)　所蔵：横浜開港資料館
外国人居留地の道路パターンは現在とほぼ同じ（第一章）

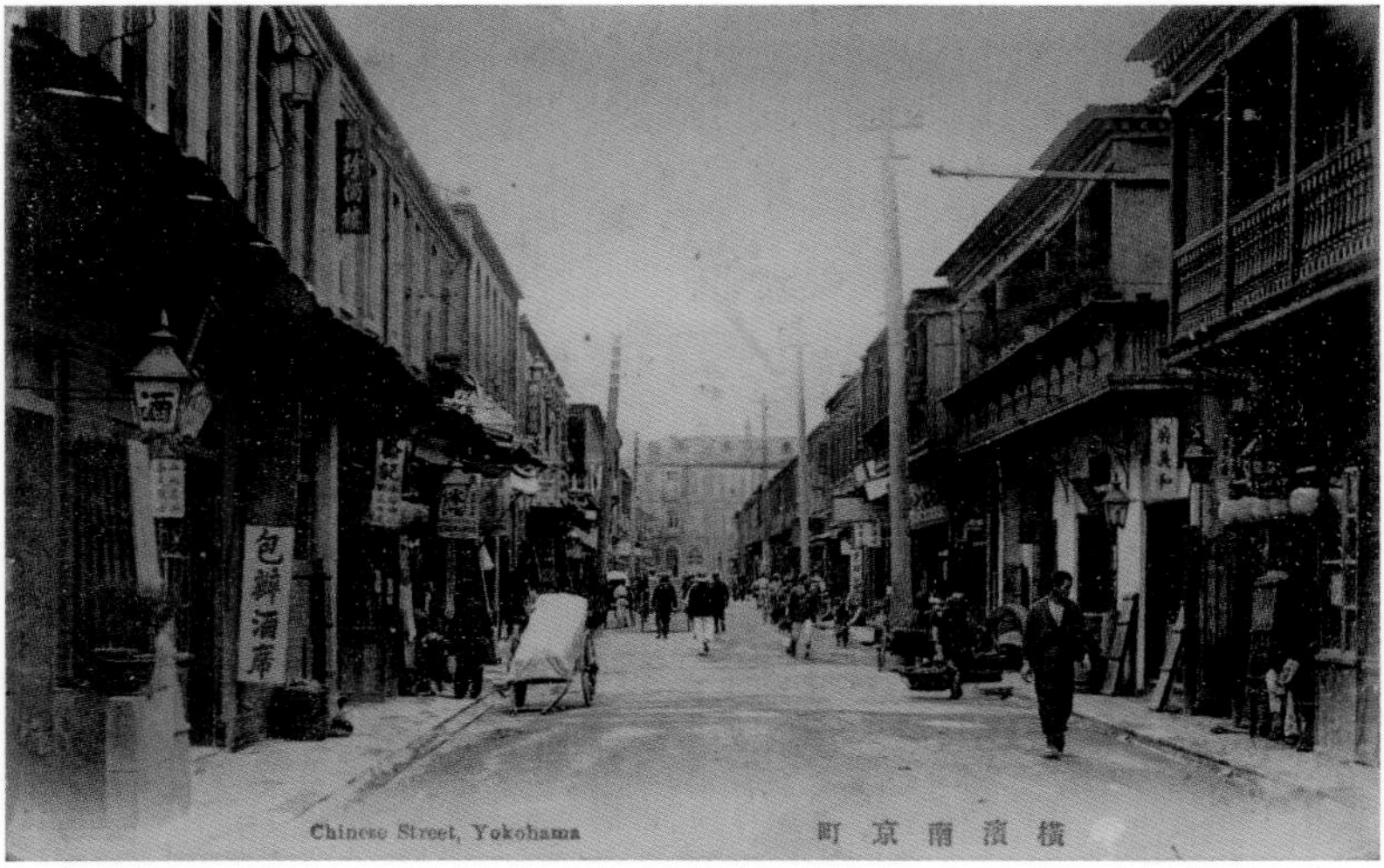

20世紀初頭の南京町を描いた絵葉書　所蔵：横浜市立中央図書館
現在の中華街大通り。左側に萬珍酒樓（現在の萬珍樓）（第二章）

南京町における関帝廟の祭り（1910年頃） 所蔵：横浜開港資料館
関帝廟改修25周年祭の様子と思われる（第一章・第二章）

南京町の大通りの絵葉書（1935年頃） 所蔵：横浜開港資料館
現在の善隣門付近。手前が平安楼。素晴らしい和風建築（第三章）

双十節を祝う龍舞（1977年10月10日）
中華街大通りにて（第五章）

にぎわう中華街大通り（1988年）
今はない赤い電柱と黄色の看板が印象的（第六章）

媽祖祭当日の媽祖廟（2014年3月21日）
招待された神々のための宴席も用意される（第八章）

春節（2021年）
コロナ禍でも変わらず、黄金の龍のランタンが飾られた（第八章）

筑摩選書

山下清海
Yamashita Kiyomi

横浜中華街

世界に誇るチャイナタウンの地理・歴史

横浜中華街　目次

横浜中華街

世界に誇るチャイナタウンの地理・歴史

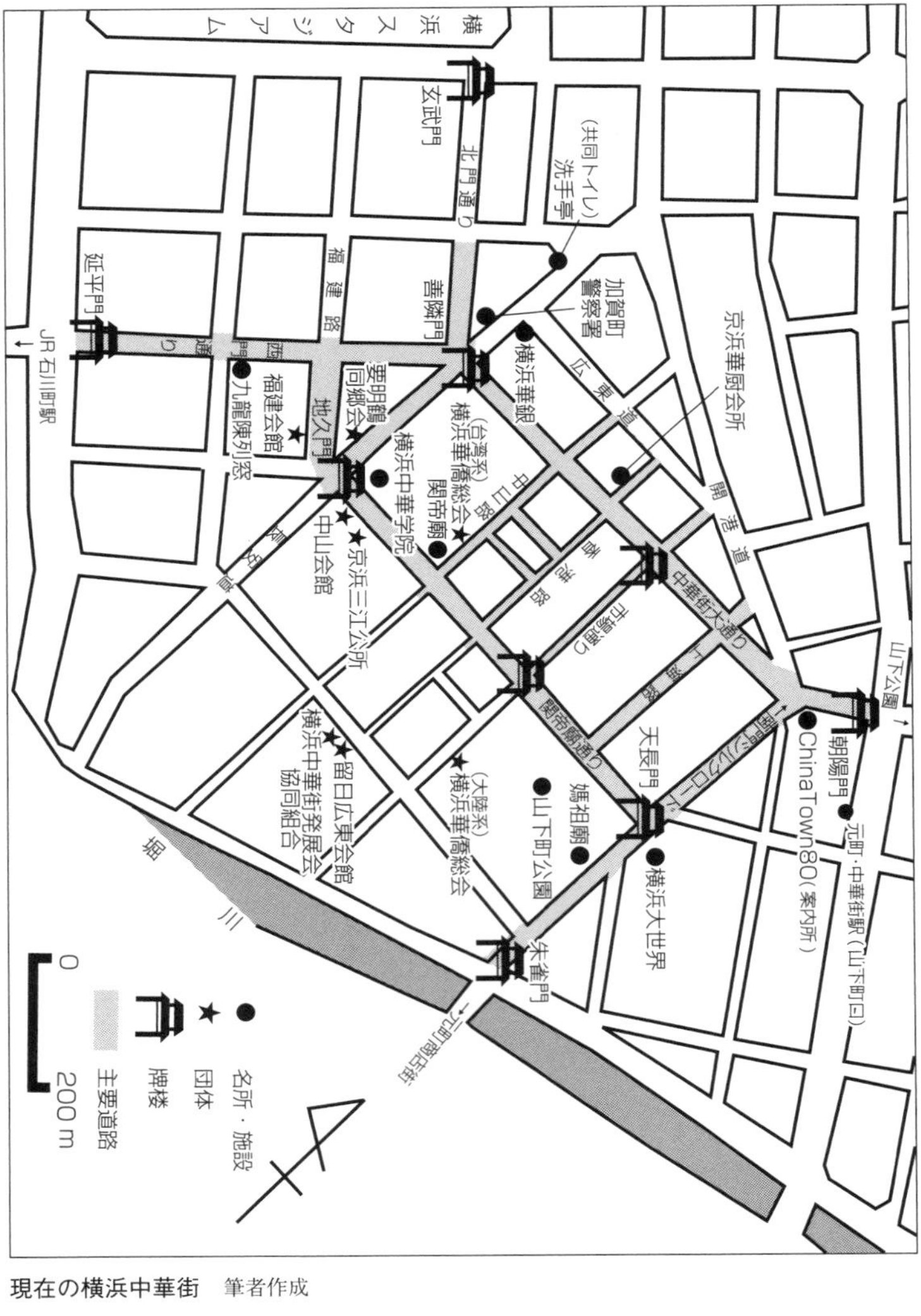

現在の横浜中華街　筆者作成

はじめに

日本をはじめ世界各地のチャイナタウンの研究をしている私は、学生たちを連れて、横浜中華街で地理学の調査実習を行ってきた。いつも、実習を終えて解散する前に、学生たちに横浜中華街の感想を尋ねることにしている。

「非常に活気があって、華僑《かきょう》のバイタリティを改めて感じました。」

「中国料理店の数が多く、どの店に入ってよいか迷ってしまいました。」

などと話す日本人学生。それに対し、参加していた中国人留学生に、「横浜中華街はどうだった？」と感想を求めると、

「横浜中華街は、とても興味深かったです。だって、中国にはこのような街はないですから。」

との答え。それを聞いた日本人学生は、不思議そうな表情をしたまま固まってしまった。

このエピソードは、二〇〇三年前後の話である。日本人の中には、無意識のうちに、横浜中華街は「中国の街」だと思い込んでいる人が少なくないのではないか。横浜中華街は、多くの日本人が長い間抱いてきた「中国」イメージを具現化した街である。それこそが横浜中華街の魅力であり、特色でもある。

世界各地には、多数のチャイナタウンがある。現地の人びとや旅行者からチャイナタウンとして認知されているところだけでも、約一〇〇を数える。そのうち私が訪れたチャイナタウンは七〇あまりである。それぞれのチャイナタウンは、その土地の歴史、社会、環境などの影響で、その土地固有のローカル色をもつ。決して中国の街が、そのまま海外へ移動したという単純なものではない。

横浜中華街、神戸の南京町、長崎新地中華街は、日本三大中華街とも呼ばれ、いずれもその地域の観光で重要な役割を果たしている。このため、多くの日本人は、世界各地のチャイナタウンも観光地となっていると思い込んでいるが、そうではない。横浜中華街も、終戦直後はヤミ市として栄え、その後外国人船員やアメリカ兵相手の「外人バー街」となった街だ。その観光地化が急速に進んでいったのは、一九七二年の日中国交正常化に伴う中国ブームの到来以後なのである。

幕末の開港で横浜に外国人居留地が建設され、すでに中国で貿易活動を行っていた欧米の貿易商らとともに来港した華僑が、自らの伝統文化を保持しながら、異文化の日本社会に適応してきた。横浜中華街には、一八五九（安政六）年の横浜開港以来の華僑、日本人、欧米人の交流の歴史が蓄積されてきた。当然、繁栄の歴史ばかりではなく、バブル経済崩壊後、現在に至るまで、日本経済の不況の下で、横浜中華街の試練は続いている。今日では、改革開放後、中国からやってきた「新華僑」と呼ばれる人たちが経営する中国料理店が急増し、「老華僑」が経営してきた老舗中国料理店の中には姿を消したものも多い。

横浜中華街は、決して華僑だけの街ではない。そこは、華僑が、地域の日本人社会および横浜市などの行政当局と協力しながら作り上げた街である。異なる文化をもつさまざまな人たちが、同じ地域で生活する状況は、世界的にはどこでも一般的に見られることである。最近の日本も、多文化、多国籍な社会に向かっている。そのような状況において、外国から来た人びと、ホスト社会（外国人を受け入れる側の社会）の人びと、そして行政当局の三者が相互に協力していくことが求められている。横浜中華街は、その成功事例の一つである。

本書のはじめに、なぜ私が横浜中華街に関心をもつようになったのかを説明しておきたい。

大学二年生の終わりの春休み、リュックを背に東南アジアをひとりで旅した。生まれて初めての海外旅行であった。一九七三年のことである。当時、貧乏旅行者必携の『地球の歩き方』（一九七九年刊行開始）もまだ刊行されておらず、バックパッカーという言葉も日本では知られていなかった。リュックを背負って旅をする若者は、後ろ姿がカニに似ているので「カニ族」と呼ばれていた。

シンガポール、マレーシア、タイを旅して回るうちに、安宿はチャイナタウンに多いことを体験的に知った。気がつけば、チャイナタウンにある安宿を泊まり歩きながら旅行していた。当時、中国語はまったくできなかったが、大衆食堂で、紙とボールペンで筆談を試みると、私の周りにはすぐに人だかりができ、次から次に筆談で私や日本についての質問がされた。

持ち金が尽きた四二日目に初めての海外ひとり旅を終え、日本に帰ってきた。この旅で、私はチャイナタウンに出会い、より深く興味をもつようになった。

地理学の研究をさらに深めるために大学院に進むことにした。将来、東南アジアに留学したいと思っていた。修士論文のテーマを考えるとき、東南アジアに調査に出かける経済的余裕はなかったので、日本国内で何かよい研究課題はないものかと大いに悩んだ。その結果が、横浜中華街であった。東南アジアには多くのチャイナタウンがあるので、横浜中華街を研究しておけば、必ず役に立つと考えた。

しかし、修士論文で取り組んだ横浜中華街での調査は、苦難の連続であった。当時、横浜中華街の華僑社会は、中国派（当時は「大陸系」と呼ばれていた）と台湾派に二分されていた。その溝は深く厳しかった。事前の認識が甘いまま私は、横浜中華街の華僑関係の団体や店舗で聞き取り調査を試みた。


「あなたは、どっち？　大陸系、台湾系？」

「どちらでもないです。日本人の大学院生です。」

「日本人でも、どっちなの？」

「どちらでもありません。」

「だったらスパイ？　はっきりしないと、こちらは何も話せないよ。」

そのうち、横浜中華街に行くことがだんだんいやになってきた。とはいえ、大学院のゼミで修士論文の成果を発表しなければならない。そんなある日、横浜中華街に出かけたものの、そこを素通りして、山下公園の海が見えるベンチに座り込んだ。いっそのこと、修士論文のテーマを変えようかと真剣に考えた。

そして、もう一度、頑張ってみようと自分に言い聞かせ、当時同じ研究室にいた台湾人留学生から教えてもらった台湾派の中華学校、横浜中華学院に電話した。あいにく紹介してもらった先生は不在であったが、私が横浜中華街について知りたいから電話したと話すと、それだったら興味をもっている先生がいるからと、電話を代わってくれた。その方が杜国輝《とこつき》先生（のちに横浜中華学院校長を務める）であった。電話に出た杜先生は、私が横浜中華街の近くにいることを告げると、「だったら、すぐにおいでよ」と言ってくれた。職員室で杜先生は親切に話をしてくれ、知り合いの華僑を紹介してくださった。この日から、私の重い気持ちが吹っ切れ、横浜中華街に関するさらなる研究意欲が高まっていった。

大学院博士課程在学中に、文部省アジア諸国等派遣留学生に選ばれて、シンガポールの南洋大学に二年間留学することができた。修士論文で取り組んだ横浜中華街の研究は、総人口の四分の三を華人（現地では「華僑」という表現は用いない）が占めるシンガポールで大いに役に立った。シンガポールの華人社会は、福建《ふっけん》人、潮州《ちょうしゅう》人、広東《カントン》人、客家《ハッカ》人、海南《かいなん》人など、中国の出身地によって方言が異なるさまざまな方言集団から構成されていた。それぞれの方言集団は特定の地区に集中して居住し、職業も異なっていた。そこで私は、博士論文のテーマを、シンガポールにおける華人方言集団の「すみ分け（segregation）」に決めた（山下清海『シンガポールの華人社会』大明堂、一九八八年）。また当時、情報が少なかった東南アジア各地のチャイナタウンについても、フィールドワークに取り組み、その成果を一冊にまとめた（山下清海『東南アジアのチャイナタウン』古今書院、一九八七年）。

その後、華僑の出身地である福建、広東、海南、浙江《せっこう》、東北三省（黒龍江《こくりゅうこう》、吉林《きつりん》、遼寧《りょうねい》）など中国各地の「僑郷《きょうきょう》」（「華僑の故郷」の意味）の調査・研究を行った（山下清海『東南アジア華人社会と中国僑郷』古今書院、二〇〇二年／山下清海編『改革開放後の中国僑郷』明石書店、二〇一四年）。また同時に、東南アジア各国はもとより、アメリカ、カナダ、フランス、イギリス、オランダ、イタリア、スペイン、ブラジル、メキシコ、インド、モーリシャス、南アフリカ、オーストラリア、ニュージーランド、韓国など、世界各地のチャイナタウン・華僑社会を調査してきた（山下清海『チャイナタウン』丸善、二〇〇〇年／山下清海『新・中華街』講談社、二〇一六年／山下清海『世界のチャイナタウンの形成と変容』明石書店、二〇一九年）。

世界各地の多様なチャイナタウンの姿を比較考察していると、横浜中華街の特色が見えてくる。

まずチャイナタウンとしての横浜中華街の規模は、サンフランシスコやニューヨーク・マンハッタンのチャイナタウンには及ばない。しかし、世界のチャイナタウンの中で、十基もの牌楼《パイロウ》（中国式楼門）があるチャイナタウンは、横浜中華街だけである。

そして横浜中華街のチャイナタウンとしての最大の特色は、来街者のほとんどが華僑ではなく日本人ということである。世界の多くのチャイナタウンの役割は、現地で生活している華僑が必要としているモノやサービスを提供することである。新華僑によって形成された東京の「池袋チャイナタウン」（私自身が二〇〇三年に名付けた）も、このタイプに属する（山下清海『池袋チャイナタウン』洋泉社、二〇一〇年）。

横浜中華街は、横浜のきわめて重要な観光地である。そして、それだけ日本人に愛されてきた街でもある。世界各地のチャイナタウンの中で、横浜中華街のように現地社会の人びとに愛されてきたチャイナタウンはほかにない、と私は断言できる。そこには、横浜中華街で生活してきた華僑と日本人の街を愛する強い思いがともに反映されている。

本書では、観光地としての横浜中華街の姿だけでなく、そこで展開されてきた華僑社会の今に至るまでの苦難と努力の道のりを描き出したい。

〔付記〕

・写真については、特に断り等がないかぎり筆者が撮影したものである。

・人物については、敬称は略する。

・「横濱」など旧字体は、新字体を用いる。

・人名、地名について、中国由来のものについても、日本である程度呼び方が定着しているものについては「音読み」でルビを付す。

・「中華街」の呼称については、一九五五年の善隣門《ぜんりんもん》建設以前は「南京町」、以後は「中華街」と呼ぶ。

・「華僑」の呼称については、狭義の使用法では、海外に居住する中国人およびその子孫のうち、中国国籍を保有する者を「華僑」、帰化して居住国の国籍などを保有する者を「華人」と呼ぶ。本書では、これまでの一般的な慣例に従い、特に断り等がないかぎり「華僑」で統一する。

・「中華料理」は、日本人の好みに合うようにアレンジされた中国風料理のことを指す。このため本書では、華僑が中国の料理を提供する店を「中国料理店」、それらの料理を「中国料理」とする。

・年号については、第二次世界大戦終了以前は元号を付記する。

序章
横浜中華街を歩く

タモリが喜ぶ「高低差」

ＮＨＫ総合テレビの人気番組「ブラタモリ」では、これまで、横浜を三回取り上げている（二〇二一年一一月現在）。一回目の二〇〇九年一二月一七日放送のタイトルは、単に「横浜」であった。当時、平日の昼、フジテレビで「森田一義アワー　笑っていいとも！」（一九八二〜二〇一四年放送）の生放送番組があったため遠出は難しく、「ブラタモリ」で初めて東京を離れたのが、この「横浜」であった。

番組が始まる前、私はタモリが横浜中華街をブラタモリする、と期待していた。土地の高低差が大好きなタモリである。横浜中華街周辺の高低差を確かめながら、興奮して歩く彼の姿を思い浮かべた。しかし、残念ながらそうはならなかった。

横浜の人気の観光スポットである赤レンガ倉庫と山下公園の中間にあるのが、象の鼻パークである。この場所は、外国人居留地の時代、象の鼻のような防波堤がある波止場であった。番組は、この象の鼻パークから始まった。タモリは、「ブラタモリ」初代アシスタント、久保田祐佳アナウンサーらと、海側と反対方向に歩き出した。すると、海から離れるにつれ土地が少しずつ高くなっていき、本町通《ほんちょう》りに達した後、今度は内陸側へしだいに土地が低下していくことに気づいた。タモリは、この本町通りが「尾根道《おねみち》」だと知り大喜び。尾根道とはタモリの説明によれば、「標高の高いところをつなぐ道」のことである。

次に、地図を見ながらタモリは、横浜中華街の道路が、周囲の道路と比べると方向がずれていて、「ここ（中華街）に入ると道に迷うんだよね」と言い出した。番組の中で、「中華街四五度のナゾ」が一つの重要なキーワードになっていく。古地図を見比べながら、そのナゾの背景については説明があったが、その後、残念ながらタモリ一行は横浜中華街方面でなく、牛鍋の老舗に向かってしまった。

この二〇〇九年一二月一七日放送の「横浜」の後、二〇一〇年一二月二日には「横浜　港湾編」、そして二〇一六年五月一四日には、「横浜――横浜の秘密は〝ハマ〟にあり⁉」が放送された。近江友里恵アナウンサーと歩いたこの三回目の横浜特集では、横浜中華街の入り口まで行ったものの、一行はまたしても横浜中華街の中に入らずにＪＲ関内駅に向かってしまった。

非常に残念ではあったが、それなら地理学研究者でもある私自身が、本書の中で「横浜中華街をブラタモリ！」しようと考えた次第である。

山下公園から横浜中華街へ

図0−1　山下公園の遊歩道　標高は2.4メートル

横浜中華街の利点は、周囲に魅力的な観光名所が多く存在することである。みなとみらい、赤レンガ倉庫、山下公園、外国人墓地、港の見える丘公園などを散策しながら、食事は横浜中華街で、という人が多い。横浜中華街に近い山下公園は、一九二三（大正一二）年に発生した関東大震災の瓦礫《がれき》などで海を埋め立て造成され、一九三〇（昭和五）年に開園した（図０－１）。山下公園からは、みなとみらい、氷川丸《ひかわまる》、大桟橋《おおさんばし》客船ターミナル、さらには横浜ベイブリッジなどを眺めることができる。氷川丸は一九三〇年に太平洋横断シアトル航路へ就航した貨客船で、第二次世界大戦中は海軍の病院船に転用された。戦後は一九六〇年まで北太平洋航路で運航を続けた後、翌一九六一年、山下公園に係留された。

山下公園の住所は、「横浜市中区山下町二七九」である。横浜中華街も全域が、同じ「山下町」の中にある。まず、山下公園から横浜中華街に向かって歩きだそう。タモリが大喜びしそうな高低差を味わうことができるコースである。国土地理院がウェブサイト上で無料公開している地理院地図では、各地点の標高を知ることができる。横浜中華街の主な地点の標高を示したのが、図0-2である。

山下公園の海岸沿いの遊歩道の標高は二・四メートル。山下公園の横を通る海岸通り（山下公園通り）は、かつての波打ち際であったが、現在の標高は二・五メートル。海岸通りから横浜中華街に向かって歩きだすと、やや高くなり標高三・四メートルの微高地になる。

横浜中華街へ「下る」

横浜中華街の東側の入り口、朝陽門《ちょうよう》（旧称、東門）の前の本町通り交差点上の標高は三・二メートルである（図0-2の①の地点）。この本町通りを西側（桜木町方面）に進むと、標高は三・九メートルのピークに達する。朝陽門を通ると中華街大通りまで緩やかな下り坂となる。写真では少し見えにくいが、朝陽門（標高三・二メートル）から横浜中華街のインフォメーションセンター「ChinaTown 80」（中華街80号（山下町八〇番地））の前の道路上（標高一・六メートル）までの標高差は一・六メートルもある（図0-3）。もし、朝陽門からボールを転がせば、勢いよく下っていく。読者の皆さんには、現地を訪れた際にぜひ自分の目で確認していただきたい。

横浜中華街が、海岸線と並行に走る海岸通りや本町通りよりも低地に位置していることを見てわかる場所がある。それが、図0-2中に示した②中国料理店「同發《どうはつ》」の駐車場である（図0-4）。この駐車場の前の道路の標高は一・八メートルであるが、駐車場の奥の道路の標高は三・三メートルである。海岸に近いほうが標高が高く、手前の横浜中華街側が一・五メートルも低く

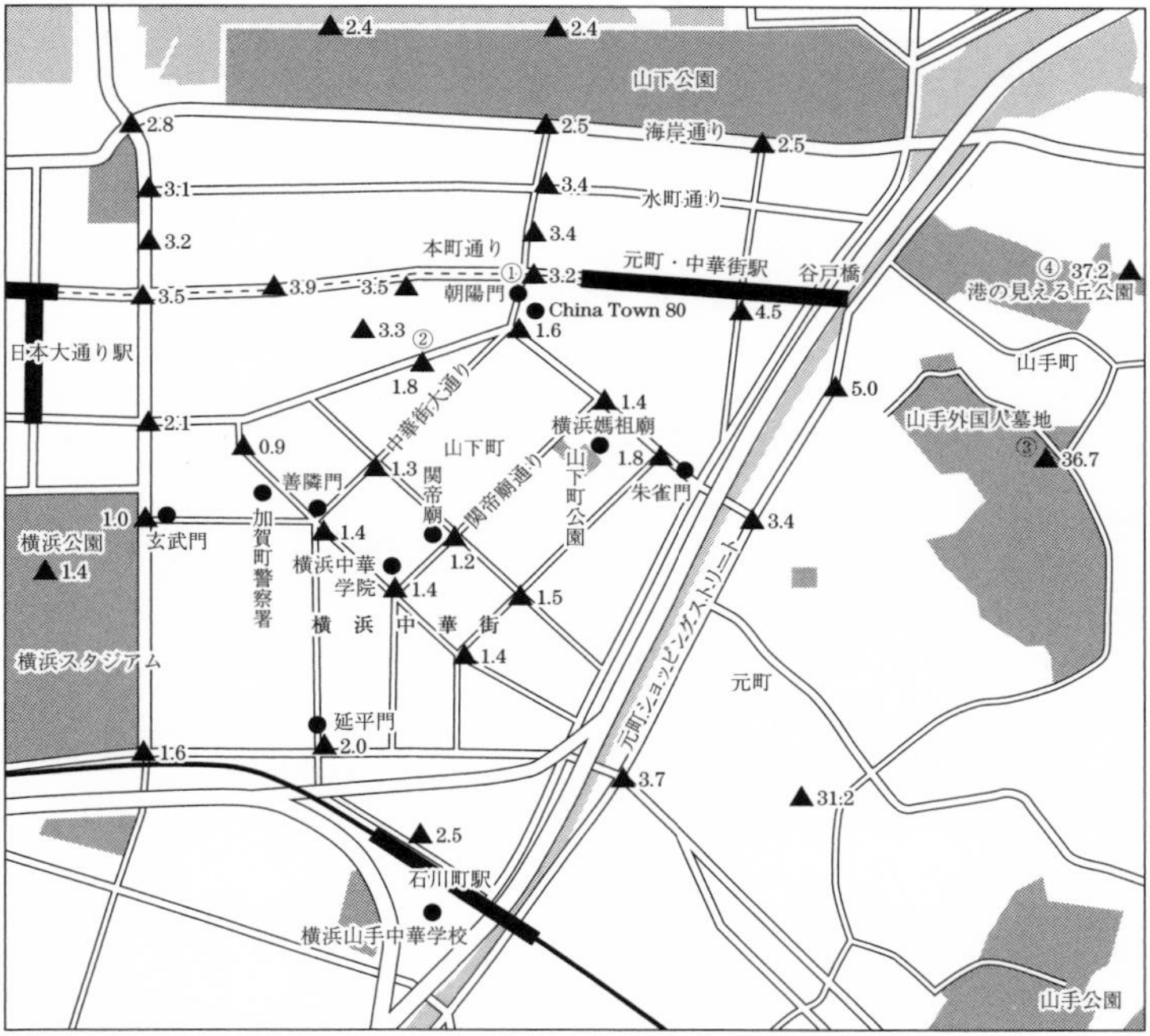

図0－2　横浜中華街周辺の標高　出典：国土地理院地図の標高をもとに作成

なっていることを、この写真は示している。

ChinaTown 80の近く（標高一・六メートル）から、横浜中華街のメインストリートである中華街大通りをまっすぐ進むと、横浜中華街のシンボルである善隣門がある。この地点の標高は一・四メートルで、山下公園の海岸の遊歩道よりも一メートル低くなっている。関帝廟《かんていびょう》の前の通りでは、標高は一・二メートルにすぎない。横浜中華街でもっとも標高が低いのは、善隣門近くの加賀町警察署の裏手にある共同トイレ「洗手亭」付近で、

図0-3　朝陽門からの下り坂（2005年）

図0-4　開港道に面した「同發」の駐車場（2019年）

その標高は〇・九メートルにすぎない。

低湿地に形成された横浜中華街

横浜中華街を歩いていると、横浜市役所が作成した津波避難情報板が街角に掲げられている（図０−５）。描かれた地図を見ると、横浜中華街は全域が「予想される浸水区域」で水色に塗られている。そして、「津波警報の情報を得たときは、直ちに避難しましょう！　近くの海抜五メートル以上の高台や、鉄筋コンクリート造などの頑丈な建物の三階以上のできる限り高い階へ避難しましょう」と呼びかけられている。とはいえ、横浜中華街を訪れる観光客の多くは、どこに逃げたらよいのか迷うはずである。「四五度に傾いた道路」の横浜中華街では、さらに方向感覚も麻痺してしまっているのではないだろうか。「より早く、より高いところへ避難を！」と呼びかけられてはいても、本能的に、できるだけ海から離れたところへ逃げようと思い込むのがもっとも危険である。横浜中華街周辺では、海岸から離れるほうが土地は低くなっているからである。

横浜中華街にいるときに、もし津波警報

図0−5　津波避難情報板　右下に方位が示されている。矢印の向く方角が北。左手の「海側」のほうが山下公園、右手の上方が山手の丘陵

が出たら、避難すべき高台は、元町商店街（元町ショッピングストリート）の裏手、外人墓地がある山手の丘陵である。山手外国人墓地（図0-2③）で標高三六・七メートル、港の見える丘公園（同図④）で三七・二メートルである。もし、横浜中華街の善隣門にいた場合、朱雀門《すざくもん》（南門）を通り、前田橋を渡り、元町商店街を経由して、山手の丘陵の麓までの歩行距離は七〇〇メートルあまりである。道に迷うとかなりの時間を要し、前田橋付近も混雑するはずである。山下町の住民は避難場所を知っているだろうが、心配なのは観光客である。横浜スタジアムのある横浜公園に避難しても、その標高はわずか一・四メートルである。

今後、大地震の発生も予測される中、低地にある横浜中華街の津波や液状化などの被害は計り知れないだろう。住民だけでなく観光客も含めて、日頃から地震が発生した場合に、どこへ避難したらよいのかがわかるようにしておくことが重要である。

そもそもこのような低地に、なぜ横浜中華街が形成されたのであろうか。「四五度に傾いた道路」は、どうしてできたのか。第一章では、それらのナゾを解き明かしながら、横浜中華街がどのように形成されたのかを探ることにしよう。

I

「南京町」から「中華街」へ――形成・伝統・ヤミ市

第一章

もとは入江だった横浜中華街――横浜開港と南京町の形成

1　横浜開港と外国人居留地

横浜中華街、四五度のナゾ

一八五八（安政五）年、日米修好通商条約が調印され、アメリカに続いてオランダ、ロシア、イギリス、フランスと締結された安政の五カ国条約により、箱館（函館）・神奈川・長崎・新潟・兵庫の開港が決まった。通商条約では「神奈川」（現在の京浜急行線神奈川駅付近）の開港となっていたが、実際には「横浜」（現在の横浜市中区山下町付近）が開港された。

江戸幕府は、日本人と外国人との接触が多く、外国人の取り締まりが難しい東海道沿いの神奈川を避け、攘夷《じょうい》派らによる殺傷事件など不測の事態を回避するために、街道から離れた、小さな半農半漁村であった横浜村を開港場とした（岩壁義光編、一九八九年）。

　図1－1は、横浜村が開港場になる以前の状況を示した絵地図である。図の下側が北、上側が南で、現代の通常の地図とは方位が逆になっている。図中の「横浜」と呼ばれた地点から、「砂《さ》嘴《し》」が形成されている。砂嘴とよく似た用語として「砂州《さす》」があるが、国土地理院のウェブサイト「海の作用による地形」にもとづき説明してみよう。

　砂嘴とは、湾に面した海岸や岬の先端などから細長く突き出るように伸びている砂礫《されき》質の州《す》（土砂がたまって水面上に現れたもの）である。静岡市清水の三《み》保松原《ほのまつばら》や北海道の野《の》付崎《つけさき》が代表的な例である。一方、砂州とは、波食により生じた砂礫や河川によって運ばれた砂礫が、岬や海岸の突出部から海側に細長く突出した地形で、砂嘴が伸びて対岸にほとんど結びつくようになったものである。京都府宮津市の天橋立《あまのはしだて》や北海道のサロマ湖の砂州がよく知られている。

　横浜開港以前の絵図に描かれた地形は砂嘴とみなすことができる。山手台地から供給された土砂が、沿岸流によって運ばれ砂

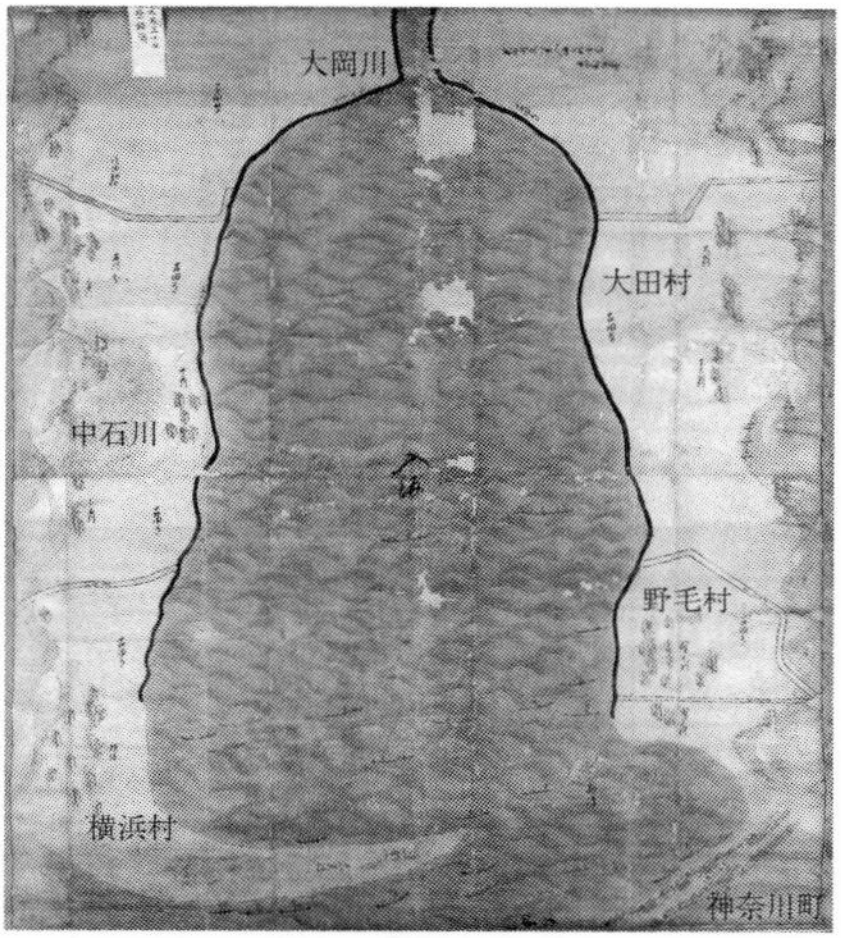

図1-1　「横浜吉田新田開墾前図」（1658〔万治元〕年以降）　図中の文字は、筆者が加筆。所蔵：吉田興産株式会社、提供：横浜市歴史博物館

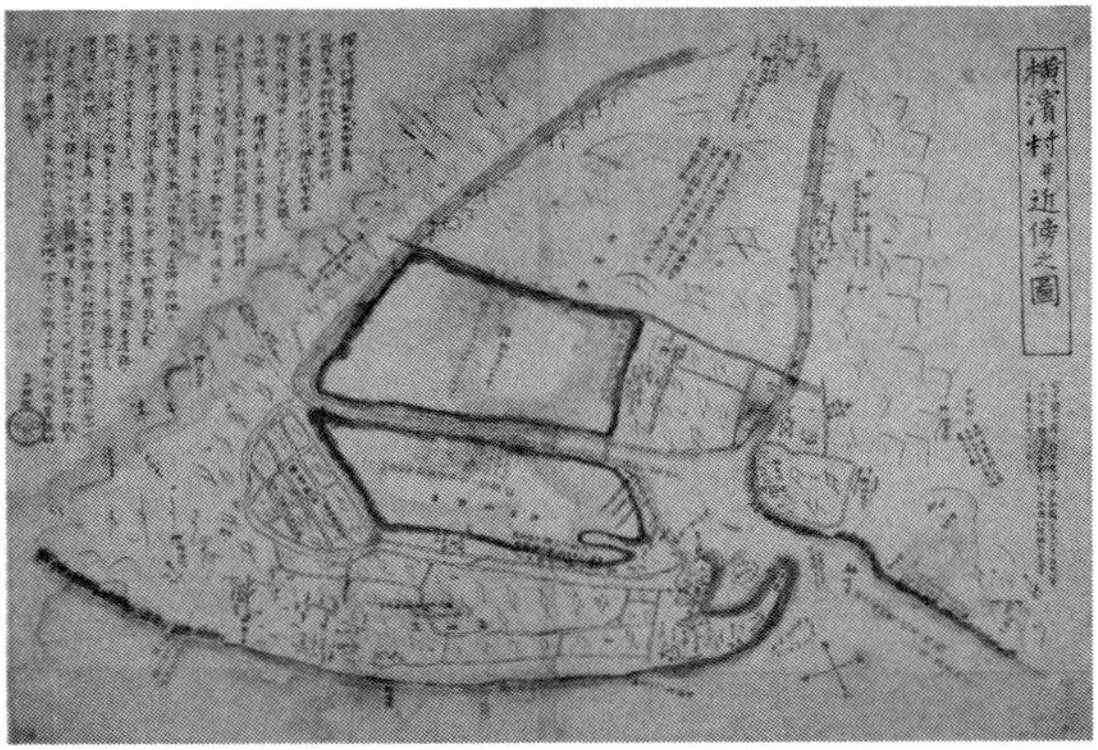

図1–2　「横浜村并近傍之図」　所蔵：横浜市中央図書館

嘴が形成された。この砂嘴によって、大岡川からの土砂供給により干拓しやすい遠浅の内海が形成された（伊東敦子、二〇〇七年）。

図1－1とあわせて図1－2を見ていただきたい。この絵図は、太田久好『横浜沿革史』（一八九二年刊）の挿図である。図1－2では、砂嘴の一帯に横浜村の集落が形成されていた。開港前、横浜村には一〇一戸の民家があり、樹林や葦《あし》が密生する土地に民家が点在した。水は天水《てんすい》に頼らざるを得ないため、水田はできず、畑を耕し、魚介類を採り、海苔を育て、網干し場が広がる半農半漁の寒村であった。砂嘴の先端には、「象が鼻」と呼ばれる嘴《くちばし》状の砂浜が描かれている。図1－1の中で「入《いり》海《うみ》」と示された入江では、江戸時代から明治初期にかけて埋立てにより新田開発が行われた。そのひとつが一六五六（明暦二）年から一六六七（寛文七）年にかけて、江戸の材木商、吉田勘兵衛によって造成された吉田新田である。

図1－2をよく見ると、元の入江の奥に造成された吉田新田の両側には、大岡川と中村川が流れている。入江の手前側の太田屋新田が完成したのは一八五六（安政三）年であるが、これより

先に、横浜新田は一七九六（寛政八）年に造成された（岩壁義光編、一九八九年）。先に示した図1－1と比べてみると、吉田新田、横浜新田、そして太田屋新田も、かつては入江すなわち海であったところに造成された新田である。新田は、おもに江戸時代に開発された田畑・屋敷の総称である。実は横浜中華街が形成されたのは、元は入江《いりえ》が開発されてできた横浜新田であった場所である。このため、序章で検討した通り、砂嘴の部分よりも標高が低くなっているのである。

図1－2の横浜新田の周辺を拡大したのが、図1－3である。よく見ると、横浜新田の地割《じわり》は、新田でよく見られるように短冊形になっており、周囲は水路で囲まれている。横浜新田の中央部も直線状の水路が設けられている。このように、横浜新田の内部は、ほぼ直線の畦道《あぜみち》が計画的・規則的に作られており、周辺部の道のパターンとは大きく異なっている。

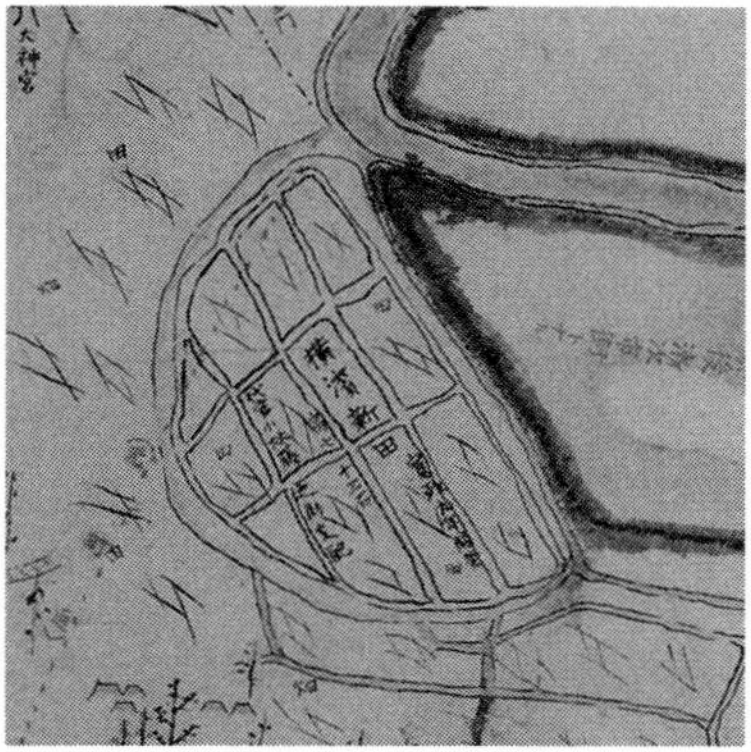
図1-3　横浜新田　「横浜村并近傍之図」の一部を拡大して作成

横浜開港前の横浜新田の畦道や水路は、今日の横浜中華街の道路パターンと非常に類似しており、これが「横浜中華街四五度のナゾ」の答えである。残る大きなナゾは、元の横浜新田の場所に、どうして現在の横浜中華街の原形が形成されたのかである。このナゾについては、もう少し歴史的な流れを追っていく必要がある。

外国人居留地の形成

開港に際し、アメリカなど外国政府は、東海道沿いの神奈川宿に近い神奈川湊《みなと》の開港を要求した。しかし江戸幕府は、外国人と日本人との接触を避けるため、横浜村の開港を主張し強行した。一八五八（安政五）年に締結された安政の五カ国条約により、翌年の開港までに、急いで開港場が形成された。開港場全体が、長崎の出島のように掘割で囲まれ、人びとの出入りが監視されていた。開港場の海岸に運上所《うんじようしよ》（税関）が作られ、図1－4の中に破線で示したように外国人居留地と日本人商人の居住地に二分された。図1－4の左側が外国人居留地で、右側が日本人居住地であった（口絵ではカラーで掲載）。

横浜が開港されると、欧米の商社は、旧横浜村の砂嘴を埋め立てるなどして形成された外国人居留地に、直ちに商館を設置した。イギリスのジャーディン・マセソン商会、アメリカのウォルシュ・ホール商会をはじめ、外国人商館の多くは、すでに香港・広州・上海などを根拠地として中国貿易に従事していた有力な商社であった。

ジャーディン・マセソン商会は、一八三二（天保三）年にスコットランド人ジャーディンとマセソンが中国の広東で設立した商社で、日本との初期貿易において、非常に重要な地位を占めた。外国人居留地（以下、居留地と略す）一番地には、ジャーディン・マセソン商会（中国名「怡和洋行」）が商館を建て、同館は「英一番館」と呼ばれた。現在、この場所には、横浜の貿易で重要であった生糸や絹織物などを含む絹をテーマにしたシルク博物館が建てられている。また、居留地二番地に建てられたウォルシュ・ホール商会は、最初に進出したアメリカの商館であったため、「亜《あ》米《め》一《いち》」と呼ばれた。

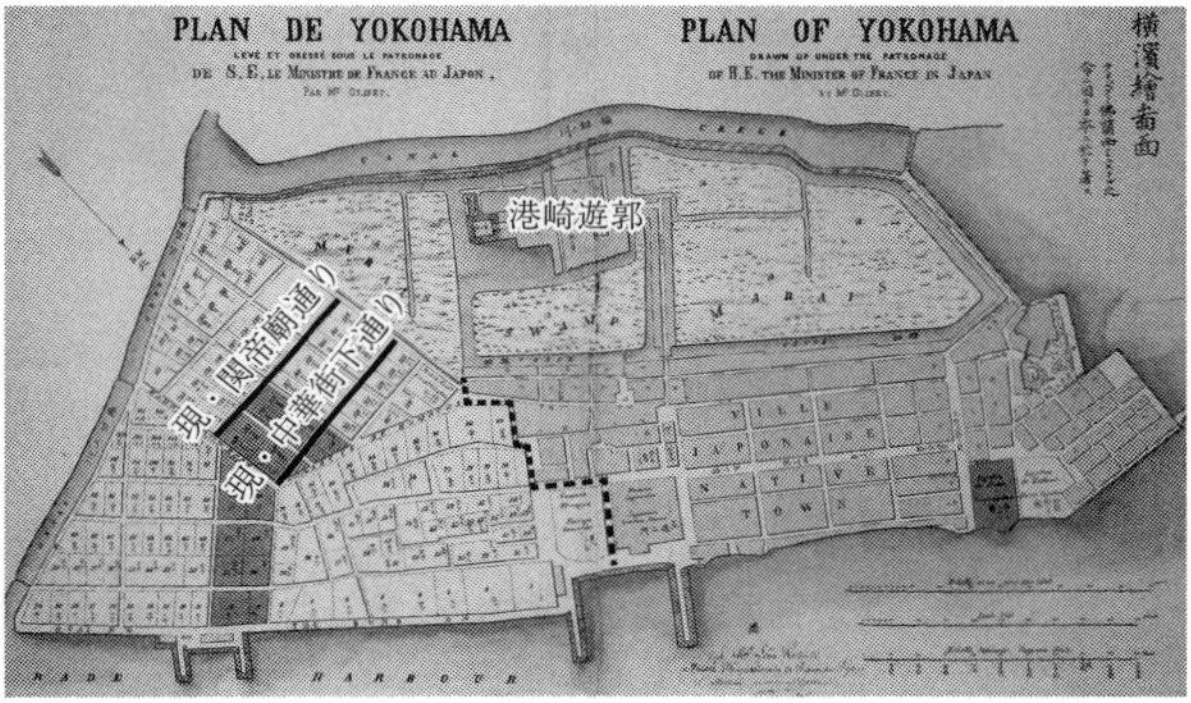

図1－4　横浜の開港場（M. クリペ「横浜絵図面」、1865〔慶応元〕年）
図中の文字や線は、筆者が加筆。所蔵：横浜開港資料館

居留地では、海岸とほぼ平行に道路が作られているのに対し、かつて横浜新田であった地区内の町割りは、図を見ても、今日の横浜中華街の道路パターンとほぼ同様であることがわかる。かつて、横浜中華街の道路パターンが周辺地区と異なるのは、華僑が風水を重視して道路を作ったためであるというような俗説があった。しかし、居留地内での中国人の地位や力関係から考えても、その俗説は間違いであると私は考えている。

ところで、二〇〇五年四月に、ＮＨＫ教育テレビ（現・Ｅテレ）で四回にわたって「知るを楽しむ　横浜中華街」（案内人：山崎洋子〔作家〕、解説：山下清海）が放送された。私は、企画段階から担当ディレクターと、四回分をどのような番組にするか話し合った。そして、番組の中で解説役を担当した。最初の話し合い

図1-5　横浜スタジアム（2021年）

の際、担当ディレクターは「横浜中華街、四五度のナゾ」を、華僑が風水を重視したからだと信じていた。もし、そのような不正確な内容を、信頼度が高いＮＨＫの番組で放送したら問題である。私は、番組の中で絵地図を使いながら、「横浜新田のあった場所と今の中華街の道路パターンが一致します。横浜中華街の道路パターンは、横浜新田の畦道の名残という訳です」と、難しい用語を使わずに、わかりやすく説明したつもりである。

もう一度、図を見ていただきたい。居留地の商館から離れた内陸部、もとの太田屋新田の中には、開港に間に合わせて、外国人向けの遊郭「港崎《みよざき》町」（港崎遊郭）が急ぎ作られた。しかし、一八六六（慶応二）年、港崎遊郭の西にあった豚肉料理屋から出火し、港崎遊郭へ燃え広がり、遊女四〇〇人以上が焼死し、さらに居留地や日本人町にも延焼した。この「豚屋火事」により、日本人町の約三分の一が焼失した。この大火による復興のため、関内（開港場の区域の通称）に残された沼地の埋め立てが進み、江戸末期から明治初期にかけて関内の整備が進められていった。豚屋火事で焼失した港崎遊郭は、のちに横浜随一の盛り場としてにぎわう現在の伊勢佐木町に移転し、その後一八七二（明治五）年に高島町（現在の横浜駅の隣、ＪＲ高島町駅付近）へ移転した（齋藤譲司ほか、二〇一一年）。

豚屋火事で全焼した港崎遊郭のあった場所は現在、横浜DeNAベイスターズの本拠地・横浜スタジアムがある横浜公園になっている（図1－5）。公園内の案内板「横浜公園の歴史」には、次のように書かれている。

横浜公園誕生のきっかけは、幕末の一八六六（慶応二）年一一月に横浜を襲った大火でした。開港場のおよそ三分の一を焼失した火災を受けて、幕府と諸外国との間で「横浜居留地改造及競馬場墓地等約書」が結ばれ、大火で全焼した旧太田屋新田の港崎《みよざき》遊郭の跡地に、外国人と日本人の双方が利用できる「公けの遊園」を設置することが定められました。（中略）一八七六（明治九）年二月に開園した、居留外国人と日本人の双方が利用できる公園として「彼我《ひが》公園」と呼ばれるようになりました。

この「横浜居留地改造及競馬場墓地等約書」により、幕府と外国公使団との間で居留地再建計画が立てられ、一八六七（慶応三）年、現在の山手地区が新たに外国人居留地に編入されることになった。豚屋火事の後、彼我公園から海岸へ向けて日本大通りが完成した。日本大通りは、外国人居留地と、木造や土壁で造られた建物がほとんどであった日本人居住地を二分し、両地区の防火帯の役割を担った。なお本書では、それ以前からの外国人居留地を「山下居留地」、山手地区に新たに形成された外国人居留地を「山手居留地」と呼ぶことにする。

a) 1865年

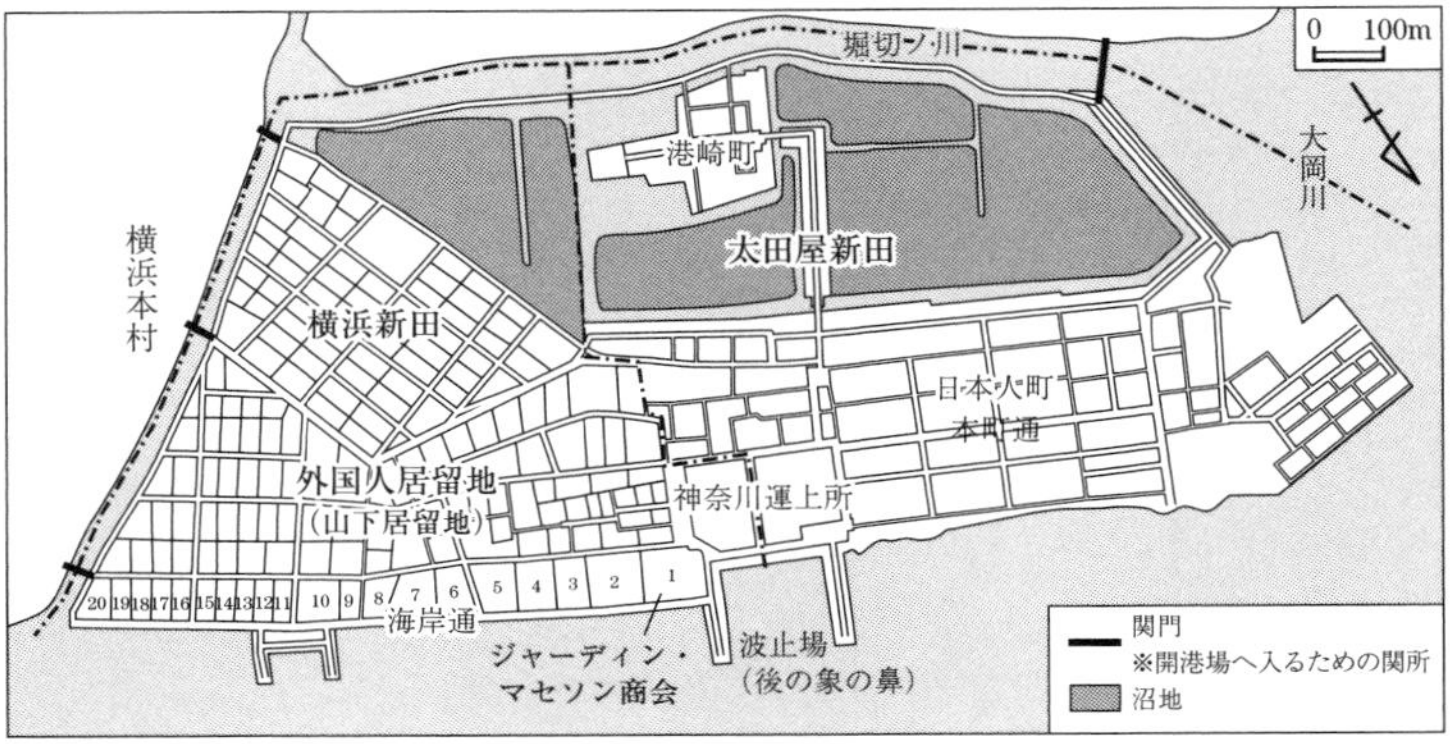

b) 2010年

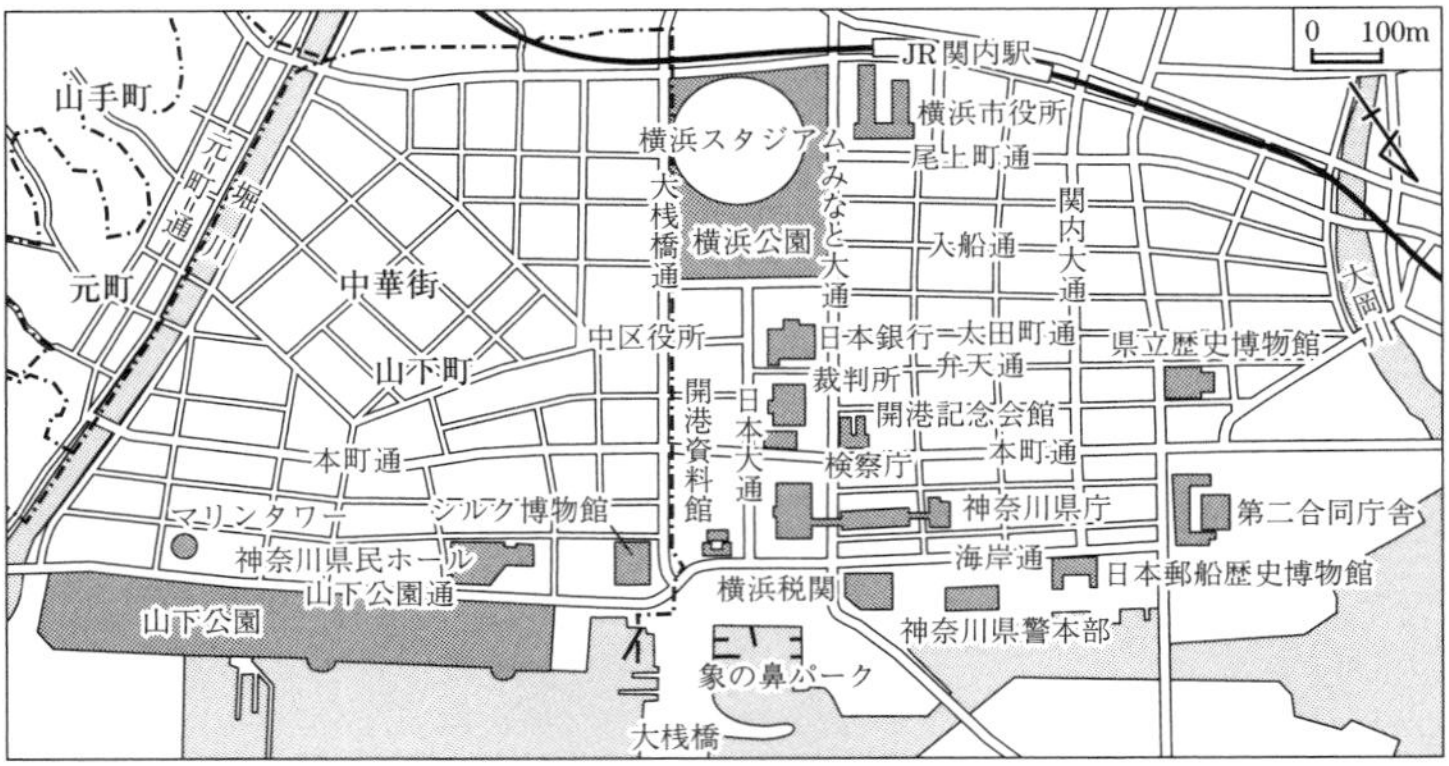

図1－6　1865年当時の横浜開港場と2010年の横浜中華街付近
出典：齋藤譲司ほか（2011）から作成

図1－6は、地理学研究の立場から、先の図を修正し、現状と比較しながら読図できるようにしたものである。開港場の道路パターンが、驚くほど現在に反映されていることが読み取れる。また、開港場は出島のようになっており、ここへ出入りする者は限られており、橋に設置された関門で審査、監督されるようになっていた。現在も駅名として残る「関内」が、開港場の区域を指す呼称に由来していることはよく知られている。

2　中国人の来港と南京町の形成

中国人の横浜来港

一八五九（安政六）年、横浜が開港されると、欧米の商社は、旧横浜村の砂嘴を埋め立てて形成された居留地に、直ちに商館を設置した。前述したとおり、これらの商館の多くは、すでに香港、広州などを根拠地に中国との貿易に携わっていた。横浜に進出したこれら欧米資本は、対中国貿易の豊富な経験から、日本における経済活動においても、中国人を買弁《ばいべん》として随伴してきた。このため、これら中国人の多くは広東人であった。買弁という制度は、欧米資本主義社会からみれば異質な中国社会において、取引を有利に運ぶためにイギリス貿易商が考えだしたものである。

東洋的なかけひきに長ずる中国商人を商社の専属とし、彼らに中国市場における輸出商品の買い付けを委託する方式であった（内田直作、一九五八年）。

日本においても、買弁の役割は重要であった。たとえばイギリスの貿易商は、日本商人から生糸や茶などを買い入れる場合にも、香港や上海から伴ってきた買弁を、取引交渉の正面に立てたのだ（図1-7）（服部一馬、一九五九年）。

日本人商人が居留地で商売をする相手は中国人の場合が多かった。西洋諸国の商人との間では、互いの言葉や商習慣が理解できない中、日本人と漢字で意思疎通ができ、香港や上海の外国商館で経験を積んだ中国人が、西洋諸国と日本の商人との仲介者として、重要な役割を果たしたのである（横浜開港資料館・横浜市歴史博物館編、一九九九年）。中国人の買弁は、日本語の会話や聞き取りはできなくとも、日本人商人とは筆談により取引を行うことができた。

幕末から明治初年にかけて、横浜の外国人居留地の商館や外国人の姿が多くの浮世絵に描かれている。これらの浮世絵は「錦絵《にしきえ》」と呼ばれる。神戸や長崎でも同様の錦絵が描かれ、横浜のものは「横浜錦絵」、「横浜絵」とも呼ばれた（小西四郎、一九七七年）。これら「横浜浮世絵」は、多色摺りの木版画の浮世絵である。浮世絵師たちは、横浜開港によってできた新しい名所である開港場の様子や欧米人の姿を描いた。今まで見たこともない欧米人の姿や生活、居留地の風景などに興味をもった日本人が錦絵を購入し、人気の横浜みやげになった。

華僑社会の中で、買弁は収入も多いエリート層であった。しかし、買弁のほかに、欧米人家庭に雇用されたコック・使用人などとして、あるいは船舶の荷役労働者などとして、多数の中国人が欧米人に随伴して、あるいは先に横浜に来ていた中国人を頼って横浜に来港した。このようにして横浜に来港した中国人が、横浜における「華僑」の起源である。

横浜の居留地の状況を描いた錦絵には、欧米人家庭の使用人、お茶場（輸出用の茶の再製工場）の監督者、商人、船員などとして働いている華僑が描かれている（小西四郎、一九七七年／横田洋一編、一九八九年）。「南京人」と呼ばれていた彼ら華僑は、伝統的な中国服を着ていた。また当時の中国は満州族によって統治された清国の時代であったため、華僑男性は満州族の習慣に則って辮髪《べんぱつ》姿であった。

図1-7 「皇国製茶図会　茶商店先取引の図」 買弁が茶卸商の店先で商談している。所蔵：横浜開港資料館

図1－8を見ると、海岸に面して二階建ての欧米商館が立ち並び、その先の山手居留地（通称、フランス山。現在の港の見える丘公園、外国人墓地のある丘陵）には欧米人の立派な邸宅が見える。そして、波止場の中央付近には、欧米人と会話している買弁とみられる辮髪姿の華僑が描かれている。

「異人館」の内部を描いたのが、図1－9である。「五ケ国異人」すなわち亜墨利加人（アメリカ人）、魯西亜人（ロシア人）、阿蘭陀人（オランダ人）、英吉利人（イギリス人）、および佛蘭西人（フランス人）の酒宴の様子が描かれている。この中には、欧米人宅で使用人として働いていると思われる、料理を運ぶ華僑が「南京人」として描かれている。なお、この錦絵に限らず、錦絵に描かれている西洋人女性の顔は、西洋人というよりも日本人的に描かれている。私の考えでは、錦絵の作者は、実際に西洋人女性の姿を見ないまま想像して描いたのではないだろうか。

図1-8 「横濱波止場ヨリ海岸通異人館之真図」（部分）
所蔵：横浜市立中央図書館

図1-9 「五ケ国異人酒宴之図」（部分）
所蔵：横浜市立中央図書館

外国人居留地の中に形成された南京町

一八七一（明治四）年に日清修好条規が締結されるまで、華僑（当時は「清国人」）は無条約国人であった。神奈川奉行は華僑ら無条約国人の登録を実施したが、一八六九（明治二）年から翌年にかけて登録名簿に記載された華僑の数は、女子を除いて一〇〇二人に達した（臼井勝美、一九六三年）。

第二次世界大戦前、居留地内における華僑密集地域すなわちチャイナタウンは、「南京町《なんきんまち》（街）」あるいは「支那町《しなまち》（街）」と呼ばれていた。横浜市役所編『横浜市史稿　風俗編』（一九三二年）によれば、東京付近の人たちが「支那町」と呼んでいたのに対し、横浜の人びとは「南京町」という伝統的な親しみ深い響きの呼称に言い馴《な》れていたという。

華僑密集地域が居留地の一画に形成され、チャイナタウンとしての形態を整えたのは、日清修好条規の締結以後、清国との通商貿易が盛んになり、各種の職業をもつ華僑が集中してからである。『横浜市史稿　風俗編』によれば、一八七四、七五（明治七、八）年頃、チャイナタウンがしだいに「形態を成した」とある。また、同書には、「南京町の真の姿」は、日清戦役（一八九四、九五〔明治二七、二八〕年）前後の各一〇年間ほどの進展期と完成期とにみられたという。「其約二〇年間を通じて、此町の色彩と嗅覚とは、此所ばかりが持つ全く特異のものであった」と記されている。

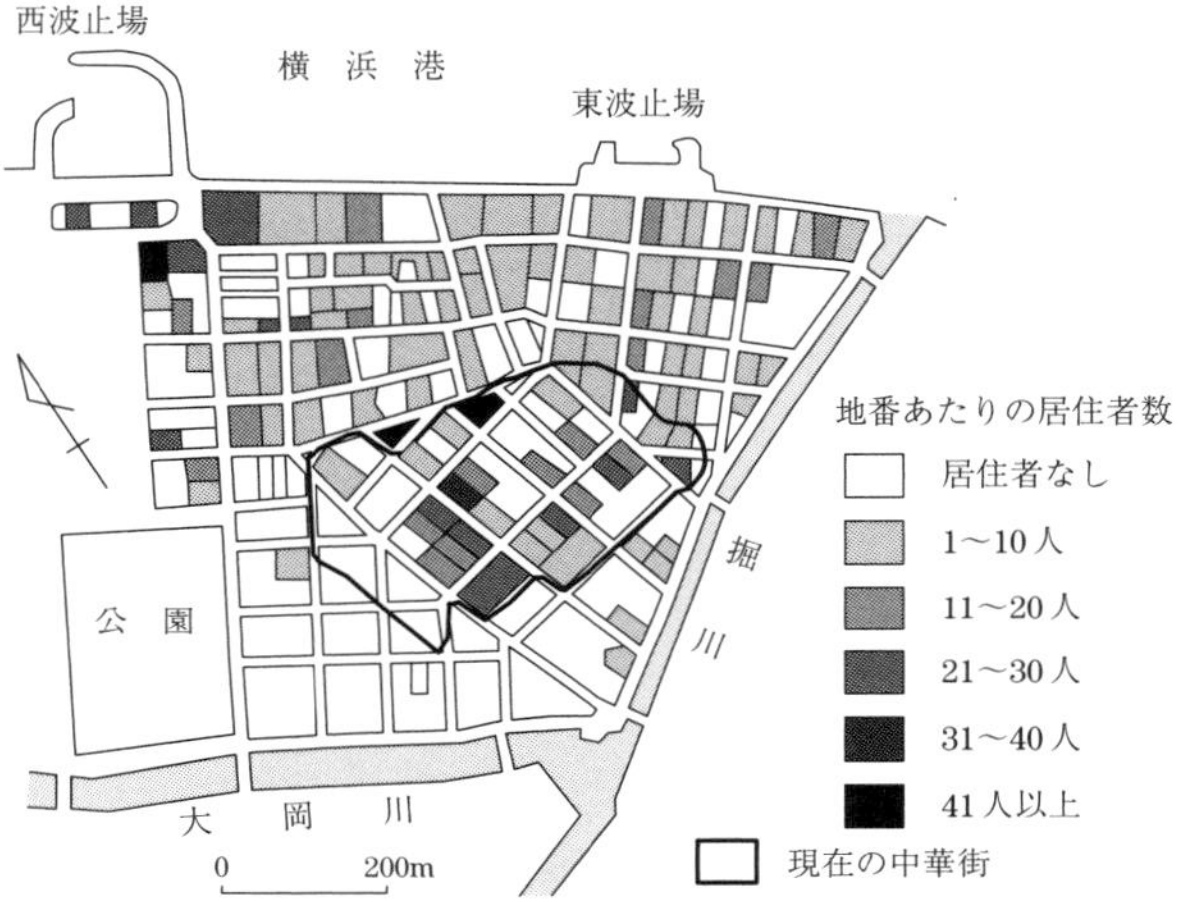

図1－10　外国人居留地における華僑の分布（1877年頃）
出典：山下清海（1979）

居留地時代における華僑の人口分布に関する資料は乏しいが、図1－10は、一八七七（明治一〇）年における「在横浜清国人名簿」に登録された一一四二人の華僑の居住分布を地図化したものである。これによると、すでに現在の横浜中華街の範囲に華僑の集中居住がみられる。しかし当時、華僑はまだ居留地の中でかなり幅広く分布し、海岸近くの外国商館に住み込んで働いていた者、あるいは居住地としてそれらを登録していた者も多数みられた。

のちに南京町と呼ばれるようになる地区には、まず欧米人がパン屋、洗濯屋、鍛冶屋、大工などの日々の生活に直結した店舗を開設していき、しだいに華僑経営の店が増加していった（伊藤泉美、二〇一八年、七六～一三二頁）。

その後、横浜に来住する華僑の増加にともない、外国商館の建ち並んだ山下居留地よりも、その内陸側に新たに造成された山下居留地の一隅に集団的に居住するようになり、南京町が形成さ

れた（山下清海、一九九一年／乙部純子、二〇〇五年）。

　横浜開港時の外国人居留地は、一八六四（元治元）年、アメリカ、イギリス、フランス、オランダと幕府の間で交わされた横浜居留地覚書によらずに造成されたもので、「旧居留地」と呼ばれた。その後、横浜居留地覚書によって拡張された地区が「新居留地」である（図1－11）。新居留地が形成されたのは、明治初年であり、外国人居留地の全容がいちおう整ったのは、一八七四、七五（明治七、八）年にかけてである（秋本益利、一九六三年）。本書では、旧居留地および新居留地を、前述したように山下居留地と呼ぶ。

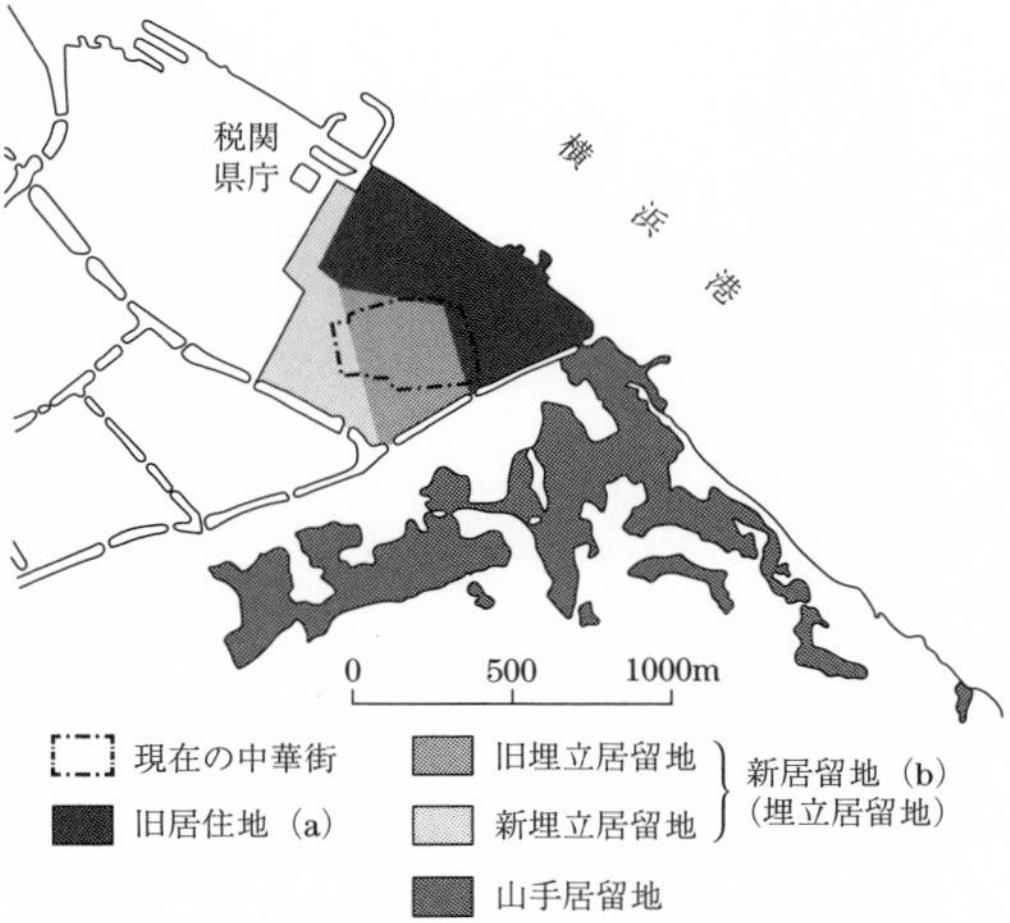

図1－11　横浜の外国人居留地（1891年頃）　aおよびbあわせて関内居留地ともいう。出典：山下清海（1979）

　中華街が形成された新居留地は、すでに述べたようにもと横浜新田であった低湿地であり、居住条件が悪い地区であった。このような低湿地に居住することを好まないイギリス人、アメリカ人、フランス人などの欧米人は、波止場に近い旧居留地に商館を建設したものの、彼ら自身の住居は、高台で水はけのよい山手居留地、すなわち現在の元町商店街の背後の外人墓地や港の見える丘公園などがある丘陵地に好んで建設した。すなわち、外国人居留地の内部で、欧米人と華僑との「すみ分け」が行われたのである。外国人居留地内での居住を強いられた外国人の中で、欧米人に従属した経済活動や小規模な商業などに従事してきた華僑は、水害の危険性など居住条件が劣るとはいえ、住む場所が見つかりやすかった土地に集中して居住するようになり、南京町の形成に至ったと考えられる。

増加する華僑

一八五九（安政六）年の横浜の開港から、一八九九（明治三二）年の外国人居留地廃止までの四〇年間、華僑は外国人居留地内での生活を余儀なくされていた。

『第一回日本帝国統計年鑑』によると、一八七六（明治九）年における在日華僑総数は、二三三七一人に達した。そして、一八八〇（明治一三）年の横浜在留の華僑人口は、長崎・兵庫（神戸）などの開港・開市都市をはるかにしのぎ、在日華僑総人口（三七三九人）の六七・二パーセント（二五〇五人）を占めていた（表1－1）。

表1－2は、明治期における横浜在留華僑および欧米人の人口の変化を示したものである。一八七七（明治一〇）年から一八八二（明治一五）年にかけて華僑人口の大幅な増加がみられ、欧米人の人口を超え、二一五四人に達した。これは、一八七五（明治八）年に、三菱商会によって上海・横浜間に航路が開設され、江蘇省や浙江省などの上海周辺の三江地方出身者が横浜へ多数

来住するようになったことが一因となっている。また、一八七八（明治一一）年には、清国領事館が居留地一四五番地に開設され、一八八二（明治一五）年には居留地一三五番地（現・山下町公園）に移転した（伊藤泉美、二〇一八年、一四〇～一四二頁）。清国領事館の開設により、在留華僑が公式に本国政府の保護を受けられるようになった。

横浜が開港してしばらくの間、南京町在住華僑の大多数は、広東省の珠江《しゅこう》デルタ付近の出身者であった。一八七八（明治一一）年の居留地における華僑の犯罪者のうち、本籍が明らかな者をみると、広州府の香山県が二人、東莞《とうかん》県が一人、肇慶《ちょうけい》府《ふ》の鶴山《かくさん》県が一人、福建省福州《ふくしゅう》府福清《ふくせい》県が二人などとなっていた（神奈川県立図書館編、一九七二）。当時の横浜の華僑社会では、珠江デルタ周辺出身の広東人が中心的存在であり、これに福清県出身の福建人が加わるという構

表１－１　各居留地における華僑の分布（1880〔明治13〕年）

居留地	男子	女子	計	比率（%）
横浜	1,863	309	2,505*	67.0
長崎	490	59	549	14.7
兵庫	425	91	516	13.8
大阪	111	5	116	3.1
函館	29	4	33	0.9
東京	20	−	20	0.5
計	2,938	468	3,739	100.0

*男女不詳者333人を含む

出典：内閣統計局編（1882）『第１回日本帝国統計年鑑』より作成

表１－２　横浜在留の華僑および欧米人の人口の推移（1872〔明治5〕～1907〔明治40〕年

年	華僑a	欧米人	計b	a/b×100（%）
1872（明治5）	963	1,070	2,033	47.4
1877（明治10）	1,142	1,205	2,347	48.7
1882（明治15）	2,154	1,358	3,512	61.3
1887（明治20）	2,573	1,331	3,904	65.9
1892（明治25）	3,339	1,590	4,929	67.7
1897（明治30）	2,742	1,986	4,728	58.0
1902（明治35）	3,800	2,447	6,247	60.8
1907（明治40）	3,644	2,383	6,027	60.5

出典：横浜市役所市史編纂係編（1926）pp.53-54より作成

図1-12　1880年頃の南京町（上）と2021年の同じ場所（下）
現在のChinaTown 80付近。左側の道路は現在の中華街大通り、右側は開港道。所蔵（上）：横浜開港資料館

成がうかがえる。

とりわけ珠江デルタ南部のマカオに近い香山《こうざん》県（一九二五年に中山県に改名、現・中山市）出身者が多かった。香山県南部の翠亨《すいこう》村は、後述するように、革命の指導者、孫文の故郷であり、ハワイをはじめアメリカや東南アジアなどへ多数の華僑を送り出した「僑《きょう》郷《きょう》」（華僑のふるさと）として知られている。

一八九四（明治二七）年に勃発した日清戦争は、南京町在住華僑にも大きな影響を与え、本国に引き上げる者が激増し、華僑人口は一時大幅に減少した。しかし翌年、日清戦争が終結すると、短期間のうちに戦前の華僑人口を回復した。

『毎日新聞』（一八九五年四月二五日付）は、日清戦争勃発後、一時帰国する中国人が多かったが、再び横浜へ来住する者が増え、「居留地支那町も為《ため》に旧観に復し其筋《そのすじ》に於いて登録せし人員総計千七百九十六人に達し昨年十二月末より百六十六人増加せり」と報じている。

外国人居留地での華僑の生活

では、形成された当時の南京町について述べてきた本章の最後に、当時の南京町の人びとの生活の様子を何点か記すことにしたい。

・町の様子

南京町が形成されるにつれ、その特徴的な軒並みと、そこに居住する華僑の見慣れぬ生活・風俗は、当時の日本人の好奇の的となった。一八九七（明治三〇）年に出版された『社会百方面』所収の「居留地風俗記」には、当時の南京町を、かなりの偏見を交えながら、次のように描写している。

　中華街に群集する華僑の店舗は、両替店・薬店と二、三の骨董店が商店らしい風格を具備しているのを除けば、「其他の店舗に至っては概して不潔陋穢《ろうわい》〔狭くてみだらの意味〕、雑居間同棲の区にして、商人工夫混合の洞窟多く、韲菜《ぜんさい》〔アスパラガス〕・魷魚《ゆうぎょ》〔いか〕の土産物を販なふ商店かと思へば、其二階は即ち破戸漢《ごろつき》の賭窩《ばくちやど》にして白昼公然娼婦の喃語《なんご》を聞く。ペンキ屋にして温飩《うどん》屋を兼ね、荒物屋にして桑酒《くわざけ》・紫蘇酒《しそしゅう》を售《う》るが如く、店か台所か、客坐舗《きやくざしき》か庖厨《ほうちゅう》か、関羽財神の祭祀所は尨犬《むくいぬ》の小屋と相隣りして、食卓の傍《かたわ》りに小児の放尿するも穢

なし」　　（臼井勝美、一九六三年）

・辮髪と纏足

当時の絵葉書をみると、南京町の大通りには、中国語の看板を掲げた、赤レンガ造りの二階建ての中国料理店や両替商などの商店が建ち並び、中国本土の町と同様の景観を呈していた（半澤正時編、一九八九年）。前述したように、当時、中国は清朝の時代であったため、横浜在留の華僑男性は、辮髪を背中に長くたらしていた（図1－13）。また、纏足《てんそく》をした華僑女性の姿もみられた（横浜市役所編、一九三二年a）。纏足は幼女の足の指を足裏のほうに折り曲げ、布で縛って発育を止めさせた中国の風習で、当時の男性は、彼女らのおぼつかない足取りを魅力的に感じ、纏足は美人の象徴となっていたという。

・アヘン

中国本国や海外のチャイナタウンと同様に、アヘンを吸引する習慣は南京町にも伝わった。一八七九（明治一二）年頃、南京町にはアヘン問屋のようなものが四、五軒あり、山下居留地内でアヘンを吸引する華僑もかなり多かった。そのほか、賭博も盛んに行われ、売春とともに、治外法権の関係上、日本警察の取締りが行き届かないのに乗じて活発化し、常に問題となっていた（臼井勝美、一九六三年）。当時の新聞は、南京町における華僑の賭博やアヘン吸引について、たびたび報じている。たとえば、一八七九（明治一二）年二月二三日付の『横浜毎日新聞』は、「支那館一八〇番」（現在の山下町一八〇番地）において日本人も混じった二〇〇人近くによる賭博の現場における警察の手入れの様子を詳しく報じている。

・関帝誕と春節祭

横浜新田が居留地に造成され、華僑がここに住み始めた一八六二、六三（文久二、三）年頃、居留地一四〇番地に『三国志』の英雄、関羽《かんう》の木像をまつる小さなお堂がつくられた。これが関帝廟の前身である（伊藤泉美、二〇一八年、一二三頁）。『横浜毎日新聞』の一八七六（明治九）年六月五日付の記事によれば、すでに当時、関帝の誕生日であるとされた旧暦五月一三日、関帝廟において、華僑が盛大にそれを祝う行事である関帝誕を催していた。関帝廟は一八八六（明治一九）年に敷地が拡大され、一八九一（明治二四）年には大改築が行われた。一八八六年の関帝廟の改築から二五年目の一九一〇（明治四三）年には、大規模な関帝誕が行われた（口絵写真参照）。

図1-13　日本人遊女と横浜拳で遊ぶ辮髪姿の華僑（「清国南京人遊行横浜拳」）（1861年）　横浜拳は、掛け声をかけながら手や指の動作で勝負を争う遊び。所蔵：神奈川県立歴史博物館

また中国の正月にあたる春節には華僑の家々は門飾りが施され、華僑は礼服に身を包み、関帝廟に詣でた（西川武臣・伊藤泉美、二〇〇二年、一六七〜一七一頁）。

・南京らしゃめん

山下居留地の華僑は、圧倒的に男子が多かったために、華僑の妾《めかけ》になった日本人女性も少なくなく、彼女らは「南京らしゃめん」と呼ばれていた（横浜市役所編、一九三一年a）。「南京」とは南京人すなわち中国人を意味し、「らしゃめん」は明治時代に、外国人とくに西洋人の妾になった日本女性を卑《いや》しめた言い方である。一八九三（明治二六）年九月二二日付の『毎日新聞』には、「横浜居留地支那町に居住する支那人の戸数は凡《およ》そ六十余戸なるが爰《ここ》に寄留する日本人は男女一千三百余名なり其内男は僅かに十分の一に過ぎず他は悉《ことごとく》皆婦人にして支那人の外妾となり其所生の児は多く支那人の籍に入れ成長して七八才《ママ》になれば本国へ送る」と報じている。

・会芳楼

南京町には、一八七〇（明治三）年、劇場と料亭を兼ねた「会芳楼《かいほうろう》」が開設された。その場所は居留地一三五番地、のちに清国領事館が建設されたところで、現在の山下町公園である。「南京御料理所」と呼ばれ、多目的な設備をもち、後に同志劇場、さらに和親劇場と改名された。

本章では南京町の形成やその頃の華僑の人びとの生活についてみてきた。横浜開港以来、華僑は外国人居留地という制限された地区での生活を余儀なくされてきた。しかし一八九九(明治三二)年に外国人居留地が廃止されると、華僑の生活も南京町の状況も大きく変化していくことになる。次章では、外国人居留地が廃止されて以降、終戦前の横浜大空襲で壊滅に至るまでの南京町の半世紀をみてみよう。

図1-14　山下町公園（2018年）　中央が会芳楼にちなんだ中国式あずまや「会芳亭」

第二章
外国人居留地廃止後の南京町——一八九九〜一九四五年

1 外国人居留地の廃止

日本人との雑居が進む南京町

一八九九（明治三二）年に発布された勅令第三五二号「条約若ハ慣行ニヨリ居住ノ自由ヲ有セサル外国人ノ居住及営業等ニ関スル件」により、外国人居留地が廃止され、外国人居留地内の外国人は、華僑も含めて、外国人居留地の外に住むこともできるようになり、日本人と雑居できるようになった。華僑の「内地雑居」に関しては、日本人の脅威となるとの強い反対意見もあった。

また、外国人居留地の外でも居住移転、営業、その他の行為が許されるようになった。しかし、農業・漁業・鉱業・土木建築・製造・運搬業者・仲仕《なかせ》業（港の荷役労働）・その他の雑役に関する労働に従事する、いわゆる「労働者」に対しては、行政官庁の許可を得ない限り、これらで働く自由は与えられなかった。したがって、手職的な料理業、理髪業、塗装業、印刷業、仕立職・籐細工職および呉服行商などの「雑業者」、その他家事使用人などの内地進出が公認された反面、一般の不熟練労働者の入国は、原則として許可されていなかった（内田直作、一九四九年、五～六頁）。

当時、各種の手職技術に熟練した華僑労働者は、主に横浜・神戸から入国した。彼らの多くは、まず両都市の華僑集住地区において、親類縁者・知人、あるいは同郷団体をはじめとする各種の団体の援助を受けながら仕事に携わる一方、日本の生活習慣・言語などを習得していった。その後、一部の者は全国各地へ進出していった。特に、料理飲食業と理髪業の地方への進出が顕著だった。

南京町では、華僑の手職の技術的熟練によるさまざまな職種がみられた。一方、外国人の内地雑居が公認された後、日本人の中にも南京町に移住して店舗を開設する者も多く、「両国の交歓は渾然として融合し、共栄共存の姿を呈して居た」（横浜市役所編『横浜市史稿　風俗編』一九三二年、五七二頁）。

関東大震災前の南京町の状況は、次の記述によって知ることができる。

南京町の最も殷盛《いんせい》な街区は、百四十三番から百五十四番に亙《わた》る前橋町通りの両側と、夫《そ》れに続く裏町横町の一廓《いつかく》で、其表通りは赤煉瓦《れんが》二階造の商家が並び、其他の横町や露路《ろじ》は、棟割りの大小雑多な陋屋で埋まって居る。表通りの赤い煉瓦家の軒先や、店の内外を掩《おお》ふ金銀銅色の彫刻の装ひ、五色に彩られた看板、暗い硝子障子の裡《うち》の極彩色の雑貨、七面鳥や家鴨《あひる》の卵、鱶《ふか》の鰭《ひれ》、軒に吊した豚の肉塊と曝《さら》し首、其脇に掛けてある青龍刀の様な包丁、彫刻を施した椅子に長煙管を啣へて店頭に悠然と腰を卸し、雲雀籠《ひばりかご》に見入る好好爺《こうこうや》、さうした走馬灯に似た雑然たる景観の表通りを（以下略）

（横浜市役所編『横浜市史稿　風俗編』一九三二年、五七三頁）

一四三番地は現在の善隣門に向かって右側、一五三番地は左側であり、現在の中華街大通りの両側の土地である。この文章からは、中華街大通りが非常ににぎやかで、当時の南京町においてもメインストリートの役割を果たしていたことがわかる。

また当時、横浜の南京町は、西日本の神戸に対して、東日本における華僑の日本社会への進出の基地であり、在日華僑、特に広東人にとって、「第二の故郷」でもあった。『社団法人留日広東同郷会第一〇周年紀念特刊』（一九七六年、一九頁）には、「横浜尤為我華僑発祥地、所謂華僑的第二故郷」（横浜はなかでも我が華僑発祥の地であり、いわゆる華僑の第二の故郷である）との記述がなされている。

前章でも述べたが、南京町では、中国の故郷と同じように、旧暦五月一三日の関帝廟祭（以前、この日を関帝誕としていた）と旧暦六月二四日の関帝誕には、神輿《みこし》や獅子舞などが南京町を練り歩いた。

中国料理店の外国人居留地外への進出

一八八九年に外国人居留地が廃止されると、外国人居留地にあった中国料理店は、その外に進出し始めた。たとえば、博雅亭《はくがてい》である。横浜で「博雅亭」といえば、多くの人が知っている中国料理店である。博雅亭の初代の店主鮑棠《ほうとう》は、孫文と同じ広東省香山県の出身で、一八八一（明治一四）年に山下居留地で創業し、一八九九（明治三二）年に伊勢佐木町に出店、焼売《しゆうまい》の店頭販売を開始した。これは日本における「焼売」の製造販売の最初であった。その後、二代目の鮑博公《ほうはくこう》が試行錯誤を重ね、一九二二（大正一一）年に豚肉に北海道産の乾燥貝柱と車海老を加え、「シウマイ」（シューマイでなく、この表記で販売）を完成し、「横浜の焼売」として大評判となった。翌年発生した関東大震災で同店は全焼したが、その後も伊勢佐木町で営業を続け、二〇〇八年に閉業した（菅原幸助、一九九一年、一五～二五頁／横浜都市発展記念館ウェブサイト「横浜歴史情報マップ」ほか）。

一九〇四（明治三七）年、横浜市中区石川町で生まれ、そこで育った山口辰男（元・横浜市立大学教授）は、博雅亭のシウマイについて、次のように記している。「ここの焼売は特別に大きく、貝柱が入っているのが自慢で、ヨコハマのシューマイ中の白眉だった」（山口辰男、一九八二年、九七頁）。

孫文の南京町での亡命生活

中国の革命において、「華僑は革命の母」であると華僑の役割を高く評価した孫文（一八六六〜一九二五年）は、南京町との関わりが非常に深い。これを示すために、孫文が南京町のどこで、どのような亡命生活を過ごしたのかを、場所にこだわる地理的視点から追跡してみよう。

一八八六（明治一九）年、孫文は広東省広州府香山県翠亨村（現・中山市南朗鎮翠亨村）で生まれた。翠亨村は、マカオの北約三〇キロメートル、広州の南約一〇〇キロメートルに位置する。

日本では「孫文」が一般的であるが、中国では「孫中山先生」と呼ばれることが多い。孫文は、日本亡命中に「中山樵《なかやまきこり》」と名のった。その後、「孫中山」が広く用いられるようになった。孫文の出身地、香山県は、「孫中山」を記念して「中山県」（現・中山市）に改名された。

中国では、各地で孫文を記念した「中山」を称する名称が使われている。北京、上海、南京、武漢、台北、台中などには、中山公園がある。また、北京、南京、厦門、蘇州、ウルムチなどには中山路あるいは中山北路・中山南路がある。台北のMRT（地下鉄）中山駅付近の中山北路界隈は、台北を代表する繁華街である。

さて、話を戻そう。孫文は、一八九四（明治二七）年、同郷人が多く居住するハワイで、革命結社「興中会」を組織した。翌九五（明治二八）年、孫文ら興中会は広東省恵州で武装蜂起（第一次広州起義）に失敗し、孫文は横浜に亡命した。孫文の革命思想に共鳴した横浜華僑が、孫文の住まいを用意し、彼の亡命生活を支えた。一八九五年の初来日から都合一〇回あまり、総計六年あまりを孫文は横浜で過ごしており、彼が国外でもっとも長く革命運動の拠点としたのが横浜であった（伊藤泉美、二〇一八年、一八八・一八九頁）。

しかし孫文は革命運動を開始した当初、日本華僑の革命への呼応に対して、不満を抱いていたという。また横浜での長い亡命生活にもかかわらず、孫文と地元華僑との関わりは限定的であった。一方、一八九八（明治三一）年、戊戌《ぼじゅつ》の政変で日本に亡命した康有為《こうゆうい》・梁啓超《りょうけいちょう》ら保皇派（清朝の皇帝制度を維持したまま、改革によって近代化を図ろうと考える立場）は、横浜の華僑社会で支持基盤を広げていった。そして孫文らを支持する「革命派」は、窮地に追い込まれていった。横浜華僑が孫文を熱狂的に支持するようになったのは、辛亥《しんがい》革命に成功して中華民国が成立し、孫文が臨時総統になって以後なのである（伊藤泉美、二〇一八年、一九三・一九四頁）。

さて、孫文に南京町の生活の場を提供し、孫文の革命運動を献身的に支え続けてきたのが、華僑の温炳臣《おんへいしん》（一八六六～一九五五年）とその弟温恵臣《おんけいしん》（一八八〇～一九七八年）であった。

小笠原謙三『孫文を支えた横浜華僑温炳臣・恵臣兄弟』

図2-1 「華僑は革命の母」と述べた孫文　華僑博物院（厦門）の館内の展示

（二〇〇九年）という彼らの評伝があり、当時の孫文についても知ることができる。この本にもとづいて、孫文が実際、南京町のどこに隠れていたのか、少し地理学的な視点から孫文と南京町の関わりについてまとめると、次のようになる。

第一次広州起義に失敗した孫文は一八九五（明治二八）年、横浜に到着し、山下居留地五〇番地にあった茶葉の輸出業を行うドッドウェル商会（中国名「天祥洋行」）で働いていた華僑のもとに身を寄せた。同年、孫文らは「興中会横浜分会」を設立し、同会の事務所を山下居留地一七五番地に設けた。

その後、孫文は海外に出て、ロンドンで一時拘禁されるなどして、一八九七（明治三〇）年、横浜に戻ってきて、山下居留地一一九番地の陳小白《ちんしょうはく》の家に宿泊した。その後、犬養毅《いぬかいつよし》らのあっせんで東京に移動した。一八九八（明治三一）年、横浜に戻り、山下居留地一三七番地に宿泊後、山下居留地一二一番地で両替商をしていた温炳臣宅に移った。温炳臣宅は二階建てのレンガ造りの西洋館で、一階二階とも四間あり、一階に孫文が、二階に温炳臣・恵臣兄弟が住んだ。入り口には番兵がいた。孫文は、ここを拠点に約五年間、亡命生活を送った。

山下居留地一四〇番地には、一八九八（明治三一）年、孫文や、保皇派の康有為に師事した梁啓超らの呼びかけにより、華僑教育のために大同学校が開設された。この場所には、現在、横浜中華学院、横浜華僑総会（台湾派）、関帝廟がある。

一九一一（明治四四）年一〇月一〇日、現在の湖北省武漢《ぶかん》で、武昌《ぶしょう》挙兵に成功した。辛亥革命である（以後、一〇月一〇日を双十節として祝う）。そして、翌一九一二（明治四五）年一月、中華民国が成立し、孫文は臨時大総統になった。しかし同年三月、孫文に代わり臨時大総統になった袁世凱《えんせいがい》によって孫文は追われ、再び海外に亡命せざるを得なくなった。

孫文は、一九一三（大正二）年二月、国賓として来日した。翌月、国民党横浜支部による孫文歓迎会が開催され、孫文は横浜華僑から大歓迎を受け演説を行った。孫文の来日の真意は、袁世凱に対抗するための資金援助を得ることであった。一九二五（大正一四）年、孫文は「革命尚未成功」（革命いまだ成らず）という有名な遺書を残して肝臓がんのため療養先の北京で死去した。享年五九であった。

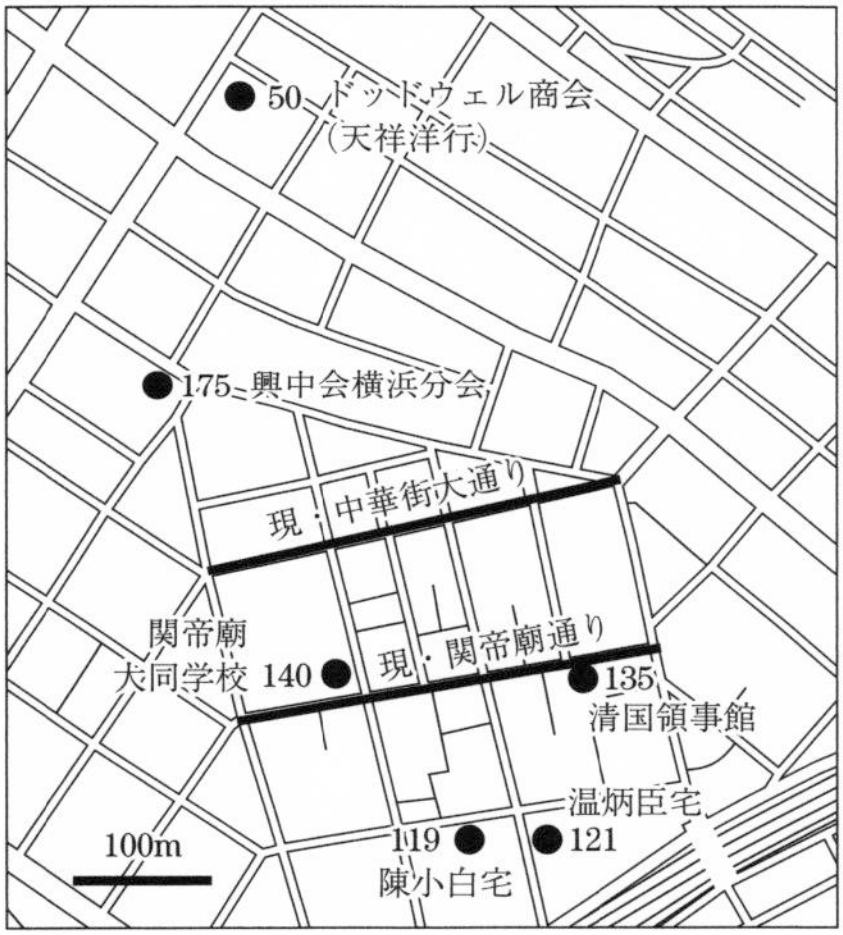

図２－２　山下居留地における孫文亡命時の関連施設　筆者作成

一八九九（明治三二）年、外国人居留地が廃止され、山下居留地内にあった三〇カ町名が「山下町」に統一された。ところで、清国領事館があった山下居留地一三五番地は、現在の山下町一三五番地、すなわち山下町公園の場所になる。これまで孫文が山下居留地内のどこで逃亡生活を過ごしてきたか述べてきたが、これらの場所を地図化すると図２－２のようになる。この図をみれば、清朝の打倒を目指してきた孫文がもっとも長く身を隠していた温炳臣宅は、清国領事館から直線距離でわずか約一二〇メートルの場所であったことがわかる。

2 関東大震災と横浜大空襲の惨事

関東大震災で灰塵に帰す

南京町の特色ある伝統的景観は、一九二三（大正一二）年九月一日に発生した関東大震災により、完全に灰燼《かいじん》に帰した。

『神奈川県震災誌』（神奈川県、一九二七年）は、関東大震災直後の南京町の被災状況を、次のように記している。

更に山下方面はと見るに、此等の石造煉瓦造は、多く明治初期の建築にかかり、年處久しきを経て朽腐《きゆうふ》したるを以て第一震とともに崩潰倒壊するもの相つづき、就中《なかんずく》山下町の俚俗《りぞく》（引用者注：俗語の意）呼んで南京町と称する支那人（引用者注：主に広東人）の商店櫛比《せっぴ》せる一部は、其建物の脆弱なるに加えて、道路狭隘《きようあい》なるを以て、身を以て免るるに遑《いとま》なく、在留

支那人四千人中約半数は圧死若くは焼死するの惨鼻《さんび》を極めたり。（一〇六頁）

また、『横浜市震災誌　第二冊』（一九二六年）は、震災前の南京町の様子をより鮮明に伝えるとともに、震災後の状況について次のように記述している。

山下町で最も酸鼻を極めたのは、街の中央部から、西部一帯を占めている南京街であった。同町は支那人の居留地で、狭い街には幾つとなく横丁があって、そこには南京料理の店や、雑貨店や、籐椅子《とういす》屋や、洋服屋などが景気よく軒を並べて、その間に日本人のやっている酒屋や、魚屋もあった。兎に角、横浜で人気を寄せる唯一の街であった。建物の多くは古い脆弱な煉瓦造りで、軒先が突き合うほど密集していた。全町の建物は第一震で、目茶々々に粉砕されてしまった。続いて火災が八方から起こったので、逃げる余裕もなく、約五千人の支那人中二千人の惨死者を出した。（一〇二頁）

なかでも注目すべきは、「横浜で人気を寄せる唯一の街であった」という表現である。すでにこの時期から、南京町は人気のある町であったのである。

関東大震災は、南京町に壊滅的な被害をもたらした。南京町にあった中華民国総領事館、三つの中華学校、中華会館をはじめとする団体施設、関帝廟、中国劇を上演していた同志劇場など、

図2-3　震災で瓦解した中華民国総領事館（1923年）　現・山下町公園。
所蔵：横浜開港資料館

本国の伝統を継承する上で極めて重要な役割を果たしてきた建造物は、ことごとく崩壊・焼失した（図2－3）。

関東大震災発生直前の一九二三（大正一二）年八月末時点で、横浜在留華僑の総人口は四七〇五人であったが、その約三分の一近くに相当する一五四一人が、この震災で死亡した（横浜市役所市史編纂係編、一九二六年、六〇一頁）。なお、各種史料を検討した伊藤泉美は、「震災による横浜華僑の死亡者数は一七〇〇人前後であり、在住中国人人口の三〇％近くに上った」と推定している（伊藤泉美、二〇一八年、二一五〜二一九頁）。

一方、生存者のほとんどは、一時、神戸に海路で避難し、その大多数が中国へ帰った。しかし震災後、バラックからの南京町の復興は著しく、数年で元の活気を取り戻した。一九三〇（昭和五）年には、横浜在留華僑総数は三九五八人に達し、震災前の人口をほぼ回復した（図2－4）。

復興で変化したのは、建築物である。関東大震災以前、華僑が住む建造物の多くはレンガ建てであったため、南京町では圧死による犠牲者が多かった。山口辰男は次のように述べている。

レンガ塀や壁の下敷きになった気の毒な遺骸は出そうにも出せず、荏苒《じんぜん》と日が延びたため、腐敗臭が街を歩く人々を悩ませた。私もその一人で、今でもその酸っぱいくさいにおいを覚えている。

（山口辰男、一九八二年、四七・四八頁）

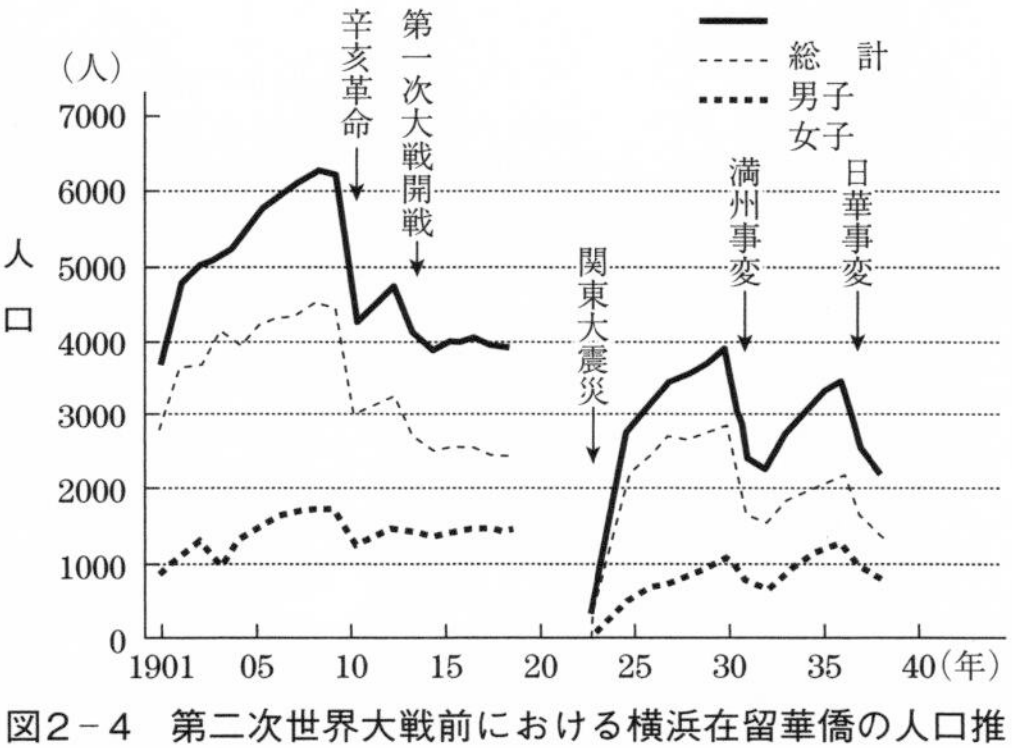

図2－4　第二次世界大戦前における横浜在留華僑の人口推移　出典：山下清海（1991）

関東大震災後、南京町ではレンガ造りの建物が減少した。惜しまれるのは、中国の伝統的な建築や、中国的な街並が失われたことである。

震災時の華僑虐殺と南京町

関東大震災直後の混乱の中で、「朝鮮人が火をつけ、暴動を起こそうとしている」「井戸に毒を投げ入れた」などのデマが広がり、各地で日本人自警団らによって数千人の朝鮮人が虐殺されたことはよく知られている。この時、朝鮮人と同様、数百人に及ぶ華僑も殺害されたのである（今井清一・二木ふみ子編、二〇〇八年／今井清一、二〇二〇年）。中国側の報告によれば、殺害された在日華僑は七〇〇人あまりとなっている（温州華僑華人研究所編、一九九九年、三五頁）。

華僑の虐殺は、横浜でも起こった。伊藤泉美によれば、神奈川県下で殺害された華僑は九七人であった。被害場所をみると、横浜市子安《こやす》町（現在、神奈川区）、神明《しんめい》町（神奈川区）、高島《たかしま》町（西区）に集中していた。この三カ所で四三人（全員が青田県と瑞安《ずいあん》県出身者）であった。南京町周辺では、箕輪《みのわ》下《した》、山下橋、本牧小港《ほんもくこみなと》、西戸部《にしとべ》などで華僑の殺害事件が発生した。しかし、南京町内部での華僑虐殺についての報告はなかったようである（伊藤泉美、二〇一八年、二二〇〜二二八頁）。

日中戦争で華僑は「敵性国民」へ

一九三一（昭和六）年九月一八日、奉天（現・瀋陽）郊外、柳条湖《りゅうじょうこ》での南満州鉄道の線路爆破を契機に始まった満州事変、そして一九三七（昭和一二）年七月七日、北京郊外での盧溝橋《ろこうきょう》事件に端を発した日中戦争により、日中関係は最悪の時代に入った。当然ながら南京町で生活する華僑にも大きな影響があった。

帰国する華僑が増加し、南京町在留の華僑人口は大幅に減少した。横浜市統計書によれば、一九三五年、横浜市の中国人人口は三三二一人であったが、一九三八年には約三分の一が減少し、二二二八人となった（伊藤泉美、二〇一八年、六頁）。

華僑は敵性国民とみなされ、警察の厳しい管理下におかれた。横浜中華街で中国料理店「菜香」や貿易会社などを経営し、横浜中華街発展会の理事長などを務めてきた曽徳深《そうとくしん》（一九四〇年、南京町生まれ）は、戦争中の南京町について、次のように語っている。

日本は中国と戦争をしていましたが、中国人は「敵国人」として収容所に入れられることはありませんでした。しかし、中華街全体が収容所のようなものだったといえるかもしれません。ここから出て東京へ行く場合には、加賀町警察の許可が必要でしたから。（神奈川県歴史教育者協議会ウェブサイト）

戦時中の南京町と華僑

一九三七年七月の盧溝橋事件に端を発した日中戦争、そして一九四一（昭和一六）年、日本の真珠湾攻撃から始まった太平洋戦争は、一九四五（昭和二〇）年八月の日本の降伏まで続いた。戦争中、南京町の華僑は、どのような生活をおくっていたのだろうか。警察や軍部に監視され、自由を大幅に制限されていたのであろうか。このことに関する情報は少ない。

曽徳深の父は、一九一九（大正八）年、広東省清遠《せいえん》から一五歳で来日した。インタビューの中で曽徳深は、「（戦争中）アメリカの日系人は収容所に入れられたのに日本で中国人は収容されていないんです。この町の中では日本人も中国人も隣近所で付き合っていて、信頼関係があったんだと思うんです」と述べている（「インタビュー　曽徳深氏　二〇〇六年四月」横浜中国法人協会）。

村上令一は、横浜中華街で重要な役割を果たしてきた華僑へライフヒストリーの聞き取りをしている。その中に、戦争中の状況に関する貴重な証言があるので紹介しよう（村上令一、一九九七年）。

・一九三五（昭和一〇）年、鶴見区生麦に中国料理店を構えた。戦時中は勤労動員で大八車《だいはちぐるま》の輪っぱを作っていた。

・横浜市中区小港（南京町から直線で南東約二キロメートル）の理容店で働いていた。一九三八年の上海事変で店は営業停止になった。このため、東京の理容院で一年働いた後、横浜市中区長者町の理髪店へ移った。

・一家で新山下町に住んでいたが、戦時体制下、中国人は一カ所へまとめるという軍部の方針から、南京町へ強制移住させられた。

・一九四一（昭和一六）年、太平洋戦争が始まり、わずかに残った物資と配給の食料品でしのぐ毎日が続いた。

・一九四〇（昭和一五）年、横浜の山手に引越ししたが、中国人ということから周囲の日本人に煙《けむ》たがられ、辛い思いをした。中国服を干すだけでも嫌がられた。一九四二年に南京町に引っ越した。

・戦争が近づくにつれ、華僑に対する締め付けが厳しくなった。特高警察が始終《しじゅう》眼を光らせていて、東京などにちょっと出かける時でも、許可が必要だった。服に名前を付けなければならなかった。山下公園へ出ることも許されなかった。

・戦時中に物干し場で雑巾を干したところ、何かの合図かと勘違いした憲兵が「スパイをやっているのか！」と怒鳴り込んできた。日本人の町内会長が憲兵を説得してくれていなかったら、連れて行かれて殺されていたかもしれない。

・一九四四（昭和一九）年暮れから、谷戸橋《やとばし》（中華街と元町の間を流れる堀川に架かる橋）の脇にあった山下憲兵隊に依頼され、中国の新聞や文献を訳す仕事を手伝うようになった。

・戦争中、貯めたお金を、円のままでまとめて中国へ送ったら、為替違反だということで警察に捕まった。為替違反とは知らなかった。家宅捜査されて、九カ月、拘束された。当時、中国の親類へ送金するという形で中国軍へ援助しているのではないかという疑いをかけられ、多くの華僑が取り調べをうけた。

断片的な証言だが、戦時中の華僑の困難な状況が伝わってくるのではないだろうか。南京町では日頃から華僑と日本人の交流が活発であったが、南京町の外に住んでいる日本人の華僑に対する見方は厳しかったようである。

横浜大空襲で再び壊滅

南京町は、一九二三（大正一二）年に発生した関東大震災に次いで、終戦前のアメリカ軍による横浜大空襲によって再び壊滅状態になった（図2－5・図2－6）。

一九四五（昭和二〇）年五月二九日未明、アメリカ第二一爆撃機集団所属のB29編隊五一七機がマリアナ基地を発進し、午前九時二〇分ころ横浜上空に達し、一〇時半ころまで、約一時間で、総数四三万八五七六個の大量の焼夷弾《しょういだん》を投下した（横浜市ウェブサイト／横浜市史資料室「横浜の空襲と戦災関連資料」）。この横浜大空襲により、四六一六人が死亡し、罹災者は三九万九一八七人にのぼり、横浜市の市街地の四二パーセントが被災した（松信太助編、石井光太郎・東海林静男監修、一九八九年）。一九二三（大正一二）年の関東大震災、そして横浜大空襲の二度にわたる被災により、南京町特有の中国らしい街並の景観は焼失してしまった。

前述した曽徳深は、五歳の時に経験した横浜大空襲を次のように語っている。

空襲が始まった頃、母と姉ふたり、弟と私は、通りに掘った防空壕に逃げ込んだのですが、外から激しくトタンを叩かれ、「火がそこまで来ているから早く逃げろ、焼け死ぬぞ！」と声を掛けられ、中華街大通りを家族みんなで駆けて山下公園方面に逃げました。母は弟をおぶっていましたが、現在もある交番付近で、「忘れ物があるから戻る！」と言うんです。そこにいた知り合いのおじさんに「もう戻れないぞ、早く逃げろ！」と止められたのを覚えています。焼夷弾が空から落ちてくるのは見ていませんが、港の沖の方で爆弾が落ちる音でしょうか、ボン！　ボン！　という音が響いていました。その夜、私たち家族は焼けなかったホテルニューグランドの広間に泊まり、そばの空き地で大人たちが夜通し炊き出しをしていたのを覚えています。

（「曽徳深さんおおいに語る　横浜中華街の戦中・戦後」神奈川県歴史教育者協議会）

大空襲のさなか、南京町の華僑の多くが、山下公園の南京町に近接するホテルニューグランド（図２－７）やその近隣の建物に避難した。私は、山下公園の真向かいにあり、南京町からも近いホテルニューグランド（山下町一〇番地）が、なぜ被災を免れたのか疑問に思った。

図2–5　横浜大空襲後、山手（汐汲坂）から見た中華街方面　出典：横浜市史資料室

図２－６　横浜大空襲で廃墟となった南京町周辺
出典：横浜市総務局編『横浜大空襲写真集』をもとに作成

図2–7　ホテルニューグランド（2021年）　左側の細長い建物が横浜マリンタワー

じつは、東京の帝国ホテルと同様に、横浜の外国人向けのホテルとして建てられたホテルニューグランド（一九二七（昭和二）年開業）は、アメリカ軍が空襲の標的から外していたのである。連合国軍最高司令官マッカーサーは、マニラにいた時から日本が降伏した後、日本を訪れる際にはホテルニューグランドに泊まりたいと指示を出していたという。実はマッカーサーは、一九三七（昭和一二）年に来日した際に、ホテルニューグランドに宿泊していたのだ。おそらくこれが、空襲から逃れられた理由であろう。そして、一九四五年八月三〇日、黒いサングラス姿のマッカーサーは、厚木飛行場に降り立つと、すぐにホテルニューグランドに向かい、来日直後の三日間、ここに滞在した（ホテルニューグランド公式ウェブサイト）。

本章では、一九世紀末から終戦までの南京町の歩みを見てきた。次章では、華僑が南京町で、どのように生活してきたかについて、具体的な姿を見ていこう。

第三章
伝統的華僑社会の特色

1　華僑の血縁・地縁的社会

華僑は中国のどこから来たのか

前章まで、横浜開港から終戦までの南京町の歴史を、少し急ぎ足で見てきた。本章では、南京町で生活してきた華僑の社会、経済、文化などの特色を整理しておくことにしたい。

世界でもっとも多くの華僑が居住している東南アジアの華僑社会では、血縁・地縁的結びつきが非常に強いのが大きな特色である。この特色は横浜中華街にも当てはまるのか。そのことをまず考えてみたいと思うが、南京町に居住する華僑の出身地・本籍などに関する資料は乏しい。

そのような中で、第二次世界大戦後の状況ではあるが、山室周平・河村十寸穂《ますお》は、横浜中華街

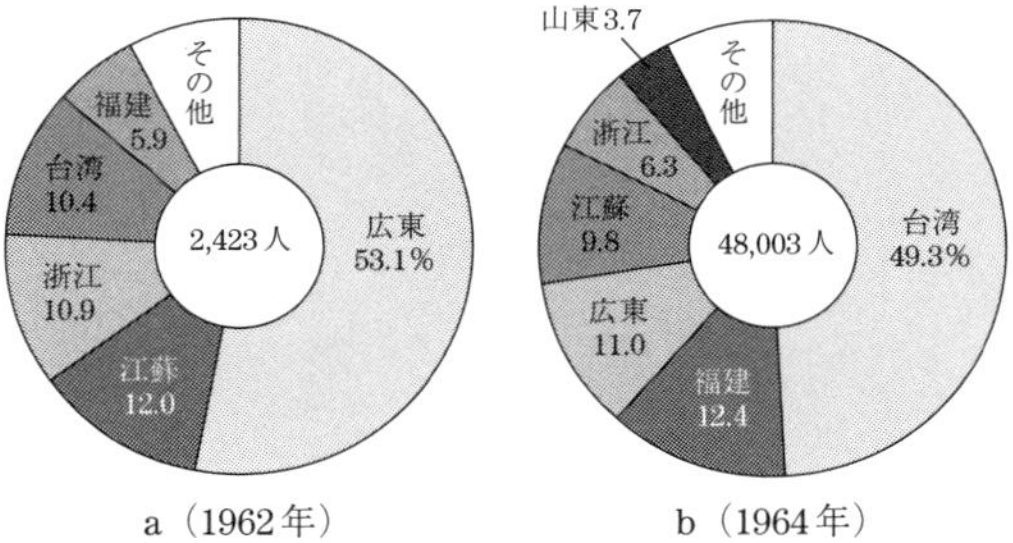

図3－1　山下町在留中国人（a）と日本在留中国人（b）の省別出身地　出典：山下清海（1979）

在留の華僑の出身地に関する詳細な情報を入手し分析している（山室周平・河村十寸穂、一九六三年）。図3－1は、これらをもとに私が作成したものである。図3－1のaは、一九六二年における、横浜中華街が位置する横浜市中区山下町に居住する中国籍保有者二四二三人の本籍地を省別（台湾をのぞく）に示したものである。これをみると、全体の五三・一パーセントの本籍地が広東省であった。以下、江蘇省一二・〇パーセント、浙江省一〇・九パーセント、台湾一〇・四パーセント、福建省五・九パーセントなどとなっていた。このように横浜中華街の華僑社会では、開港以来、広東省出身者が多数を占めてきたのが、大きな特色と言える。

一方、図3－1のbは、一九六四年における日本在留中国人の出身地を示したもので、全体のほぼ半数の四九・三パーセントは台湾出身であった。以下、福建省一二・四パーセント、広東省一一・〇パーセント、江蘇省九・八パーセント、浙江省六・三パーセント、山東省三・七パーセントであった。

これにより、日本全体の華僑では台湾出身者が約半数を占めるのに対して、横浜中華街の華僑は、広東省出身者が過半数を占めるという違いがわかるだろう。なお当時、世界各国の華僑社会の中で、台湾出身者がその国の華僑社会の中で最大多数を占める国は、日本以外になかった。

　さて、華僑社会は地縁・血縁的結びつきが強固である。この場合の地域とは、省レベルの大地域というよりも、市・県レベルの小地域がより重要視される。

　図3-2は、南京町が位置する山下町の在留中国人の出身地（一九六二年）を県市別に分布をみるために作成した図である。なお、旧外国人居留地は、一八七九（明治一二）年に加賀町、本町通りなど三〇の町名が新設されたが、一八九九（明治三二）年に外国人居留地が廃止される際に、さらに山下町が新設された。図3-2に示したようなデータは、今日では公開されておらず、華僑の出身地を詳細に検討する上で非常に貴重である。この図から、横浜中華街在住の華僑は、広東省出身者、江蘇省・浙江省出身者、台湾出身者、そして福建省出身者の四つのグループから成り、さらに省以下のより詳細な地域レベルの出身地もわかる。

　次に、これら四つの地域別グループごとにその特色をみていこう。

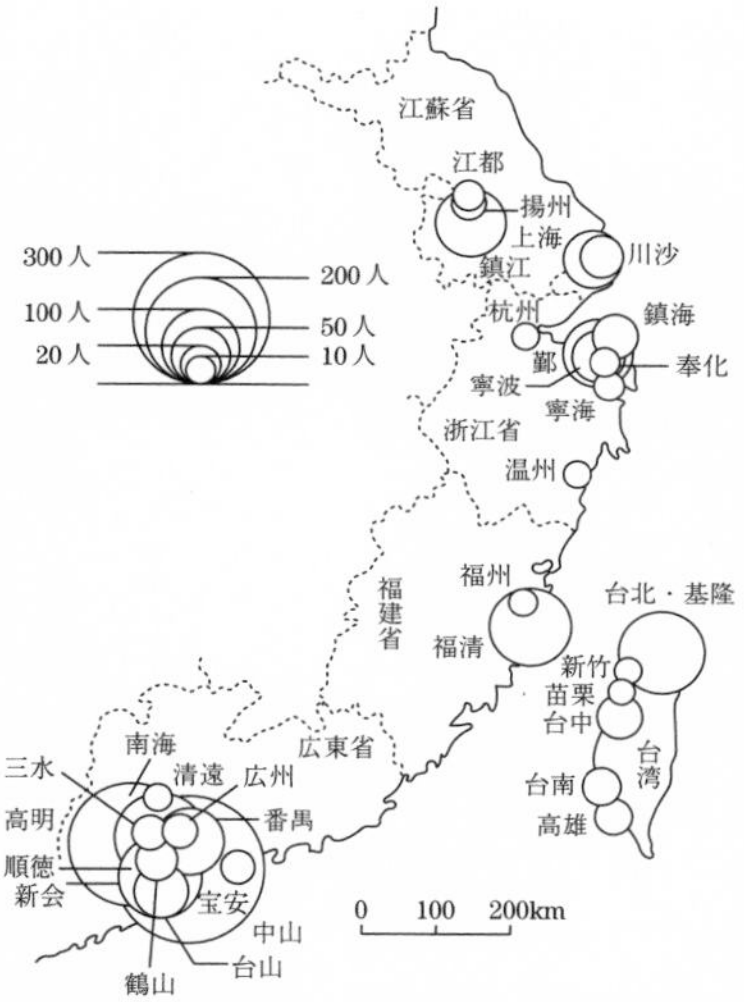

図3-2　山下町在留中国人の県市別出身地（1962年）　外国人登録数に基づく。出典：山室・河村（1963）の数値により作成

最大のグループ、広東人

第二次世界大戦前における南京町在留の華僑は、出身地・本籍などによって、以下に示す四つのグループに大別することができる。

南京町の華僑社会における最大のグループは、広東省出身者（以下、広東人という）である。これら広東人の主要な出身地は、珠江デルタの香山県（現・中山市）をはじめ、新会《しんかい》・高明《こうめい》・南《なん》海《かい》・順徳《じゅんとく》などの諸県であった。タイをはじめ東南アジア華僑社会の中で主要な方言集団となっている、広東省東部の潮州地方出身である潮州人は、南京町のみならず、日本の華僑社会ではほとんどみられないのも重要な特色の一つである。

広東人の出身地を、より具体的にみてみよう。マカオの北に位置し、孫文の故郷でもある広東省の中山市（旧・香山県）をはじめとする珠江デルタ南部出身の広東人が、南京町の華僑社会で最大多数派の地位を占めてきた（図3－3）。現在の横浜中華街の長安道には「旅日要明鶴同郷会」がある。これは、高要《こうよう》（現・肇慶《ちようけい》市高要区）、高明（現・佛山《ぶつざん》市高明区）、および鶴山（現・江門市管轄下の鶴山市）地方出身の広東人が組織した同郷団体である。

広東人の経済活動をみると、戦前においても料理飲食業が優勢であったことが、特色の一つとしてあげられる。また、第二次世界大戦前までみられた籐椅子製造業・ペンキ塗装業なども、もっぱら広東人の職業であった。そのような手職的労働に優越してきたという広東人の特色は東南アジアにみられるものだったが（内田直作、一九六七年、一六六頁／山下清海、一九八八年、七六頁）、南京町においても同様にみられたのだ。

　戦前の南京町の華僑個人を記録した資料が乏しい中で、呉笑安《ごしょうあん》『高明呉笑安先生八十回顧集』（一九九一年、三二～三三頁）には、呉笑安（横浜華僑総会〔台湾派〕会長、横浜関帝廟建設委員会委員長などを歴任）の来日の経過が記されている。

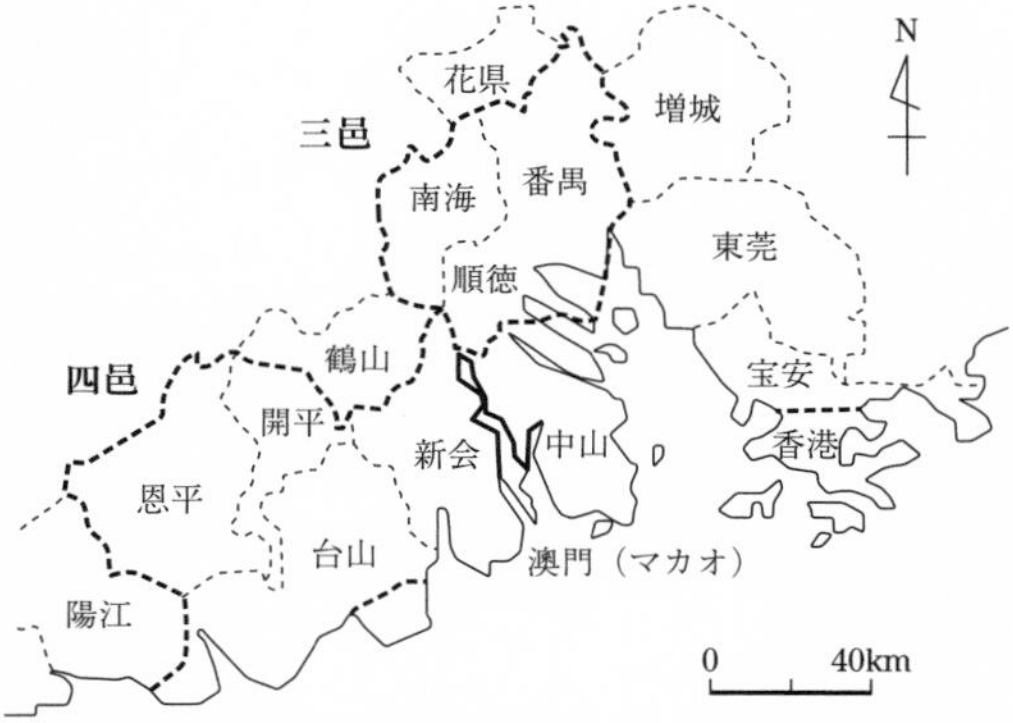

図3－3　広東人の主要な出身地　出典：山下清海（2019）

　辛亥革命の前年、一九一〇（明治四三）年、広東省高明県の貧しい農村で生まれた呉笑安は、一九二九（昭和四）年、一八歳で故郷を離れ、日本に向かった。まず、実家のある巷口《こうこう》村から三時間歩いて三州墟《さんしゅうきょ》へ。そこから小舟に乗り広州へ。広州から広九鉄路（広州と香港・九龍との間の鉄道）で香港へ。香港の親類宅で数日過ごし、日本郵船「春洋丸」で一週間かけて五月中旬、父、呉遇孫《ごぐうそん》が住む日本へ到着した。来日後、馬車道の「清雅亭《せいがてい》飯店」で働き始め、四年後、父が働いていた「崎陽軒」に移った。そして戦後、山下町一四七番地（現在の香港路）に中国料理店「順海閣」を開業した。

　呉笑安の父、呉遇孫は「シウマイの父」とも呼ばれ、

「シウマイ弁当」で有名な「崎陽軒」（創業者は長崎市出身の横浜駅長であった久保久行）で日本人の口に合うシューマイ（「シウマイ」は崎陽軒独自の表記）を開発した人物である（呉笑安、一九九一年、一四～一八頁）。

「食は広州にあり」と言われるように、広東料理は日本においても、北京料理、四川料理など各地方の中国料理がある中で、もっとも親しまれている。南京町の華僑社会が広東人を中心に形成されてきたことは、その後、横浜中華街が中国料理店集中地区として発展していく要因の一つとしてあげられる。

三江人、福建人、および台湾人

過半数を占める広東人に次ぐ第二のグループは、長江下流平原に位置する上海をはじめ、寧《ニン》波《ポー》・杭州《こうしゅう》などの浙江省、および鎮江《ちんこう》・揚州などの江蘇省を中心とする地域出身の三江人である。「三江」とは、浙江省、江蘇省、そして江西省の一部を中心とする地域をおもに指す。

三江人が横浜へ多数来港するようになった最大の契機は、一八七五（明治八）年、三菱商会により上海・横浜航路が開設されたことである（臼井勝美、一九六三年、八九〇頁）。三江人は、一八九二（明治二五）年に創立された三江公所をはじめ、各種の団体を組織し、さらに教育面では、関東大震災以前には、浙江省の寧波方言で授業を行う「啓蒙学校」（一九一三〔大正二〕年、「中華学校」に改名）を設立した。

三江人の出発港である上海の国際都市的性格を反映して、三江人の主な職業としては、料理飲食業のほかに、洋服仕立業、理髪業、ピアノ製造業、西洋料理店の料理人などがあげられる。なお関東大震災以前、東京在留華僑の中には、三江人が多かった。

第三のグループは福建省出身者である。もともと南京町の華僑社会において、「福建人」は少数派であった（前述した図3－1のa参照では五・九パーセント）。

東南アジアの華僑社会においては、福建省からの移住者の主な出身地は、同省南部の厦門周辺であり、一般に「福建人」と呼ぶ場合は、こうした福建省南部（「閩南《びんなん》」とも呼ぶ。「閩」は福建の古名）出身者とその子孫を指す。「閩南人」とも呼ばれる。シンガポールの華僑社会では、厦門や泉州周辺の福建省南部出身者が多く、閩南語が共通語の役割を果たしてきた。

福建省北部の福州地方の福州語と閩南語は差異が大きく、互いの方言だけではコミュニケーションが困難である。南京町における福建省出身者の多くは、福建省北部の省都、福州付近、とりわけ福清県（現在の福州市管轄下の福清市）出身者、すなわち福清人が中心である。福州市の中心部から福清市の中心部まで四〇キロあまりの距離だが、両地域には方言の差異がある。このため、東南アジア華僑社会においては、福州人と福清人は、異なった方言集団とみなされることが多い（山下清海編、二〇一四年、八四～一一七頁）。なお横浜に限らず神戸、長崎、京都をはじめ日本の華僑社会においては、福建省出身者のほとんどは福清出身者であった。

福清人は、呉服をはじめ、珊瑚《さんご》珠《じゅ》・鼈甲櫛《べっこうぐし》などの小雑貨の行商をしながら、日本各地に分散・

進出していった（内田直作、一九六七年、一六二〜一六四頁）。一八八四（明治一七）年には、外国人居留地外で行商を行った福清人が、警察に拘引された上、中国領事に引き渡される事件がしばしば起こった（臼井勝美、一九六三年、九〇八・九〇九頁）。

これまで述べてきた広東人、三江人、福建人のほかに、台湾出身者すなわち台湾人も華僑社会の一つのグループとみなすことができる。第二次世界大戦前、世界の華僑社会において、台湾人はきわめて少数派であったが、日本の華僑社会では、台湾人は重要な構成グループとなってきた。ただし台湾人の人口が増え、南京町の華僑社会の中で重要な役割を果たすようになったのは、第二次世界大戦後のことである。

台湾は、日清戦争終了の一八九五（明治二八）年の下関条約調印以降、五〇年ものあいだ日本の統治下にあった。このため、他のグループに比べ、台湾人は日本語教育を受け、日本の生活様式に慣れていた。台湾人の中には、高等教育を受けるため、また日本で働くために来日していた者が少なくなかった。このような台湾人の一部が、第二次世界大戦後、日本に留まったのだ。

しかし南京町では戦前は台湾人が少なく、一九三〇（昭和五）年の国勢調査では、横浜在留の「中華民国人」は四五六七人であったのに対し、「外地人」（台湾が本籍の日本国民）としての「台湾人」は四二人にすぎなかった。

華僑の団体組織——中華会館、同郷会

東南アジアの華僑社会と同様、第二次世界大戦前の南京町では、地縁的結びつきを中心に、さまざまな団体組織が形成された。南京町の初期の団体組織としては、一八六七（慶応三）年に清国人集会所が設立され、在留華僑の対官衙《かんが》（役所）交渉機関としての役割を果たしていた。清国人集会所はその後発展し、一八七三（明治六）年に南京町の中心地に中華会館が設立された。同郷団体としては、一八八七（明治二〇）年に三江地方出身の洋服仕立業者や貿易業者が中心となった三江公所と、一八九八（明治三一）年に広東人の貿易商が主体となった親仁会が設立された。これら両団体の上部組織として中華会館があり、南京町の華僑社会の中心としての機能を果たしていた。たとえば中華会館は、華僑専用の病院である同済《どうさい》医院や中華公立学校の経営、華僑の共同墓地である中華義荘の管理、そのほか対外的な折衝・仲裁などにあたっていた（内田直作、一九四九年、一六五・一六六頁・三五六〜三五八頁）。

三江公所と親仁会は、ともに有力な貿易商や商人によって構成された団体であり、両団体は、下位に同郷団体・同業団体を置いていた。

これらの団体は、同郷人や同業者の相互扶助・親睦を主たる目的としたものであった。清明節・関羽祭・中元節などの華僑の祭日には、これらの団体が中心になって行事を行っていた。また、これらの団体の施設は、会員相互の情報交換の場であり、娯楽のためのクラブとしての役割をもっていた。さらに、貧困者の救済、失業者への職の斡旋《あっせん》、中国に帰還する者への旅費の支給など、会員相互の扶助は、これらの団体の主要な機能の一つであった。

とりわけ、第二次世界大戦以前の南京町在留の華僑の中には、単身で日本へ働きに来た者が多く、経済的にも精神的にも不安定な状況にあり、これらの団体が果たした役割は、極めて大きかった。

2　華僑の伝統的職業

南京町の華僑の商店

南京町に居住する華僑の経済活動は、彼らの日本社会への適応の仕方を、如実に示している。特に職業構成は、日本経済の変化に対応して、時代ごとに特色がみられる。

横浜の開港後、華僑は欧米人の使用人、欧米貿易商社の買弁、船の荷役労働者などとして来住した。そして彼らの職業は、主として欧米人に従属したものであった。しかし一八七一（明治四）年の日清修好条規の締結以後、居留地内に居住する華僑の中に、さまざまな自営業を始める者が多数みられるようになり、華僑は貿易業も公に行えるようになった。

一八八七（明治二〇）年の南京町の商店構成についてみると、荒物業（しばしば菓子・酒の販売を兼ねる）二五戸、両替一四戸、靴一一戸、髪結七戸、砂糖五戸、製本および活版印刷四戸、薬種四戸、質舗・仕立・陶磁器各三戸など、計一四九戸があげられていた（臼井勝美、一九六三年）。当時の商店は雑多な商品を販売するものが多く、まだ商店の機能が専門化していないものが多数を占めた。

居留地の廃止、内地雑居の公認以後、居留地外への華僑の経済的進出が著しくなった。しかし前述のように、一八九九（明治三二）年の勅令により、華僑の不熟練労働者の入国は認められなかった。第一次大戦終了前後から、華僑の内地、すなわち旧居留地の外部への進出が著しくなり（内田直作、一九四九年、三一三頁）、特に料理飲食業と理髪業の進出が目立った。関東大震災は南京町在留華僑の経済基盤に壊滅的打撃を及ぼしたが、南京町の復興の早さはめざましかった。

「三把刀業」――華僑の伝統的職業

図3－4は、神奈川県に在留する華僑の職業を示している。上は一九二七年のデータだが、これをみると、第二次大戦前における神奈川県在留華僑の経済活動は、料理飲食業・洋服仕立業・理髪業といういわゆる「三把刀業《さんばとうぎょう》」が卓越していたことがわかる。「三把刀」とは、三つの刃物という意味で、菜刀（包丁）、剪刀（はさみ）、および剃刀（かみそり）を指す。

戦前、神奈川県在留中国人のほとんどが横浜に居住し、また、その大部分が南京町に集中していた。たとえば、一九二七（昭和二）年末、神奈川県在留華僑は三五二五人であった（神奈川県統計書）のに対し、横浜市には、その九八・九パーセントに相当する三四八七人の華僑が居住して

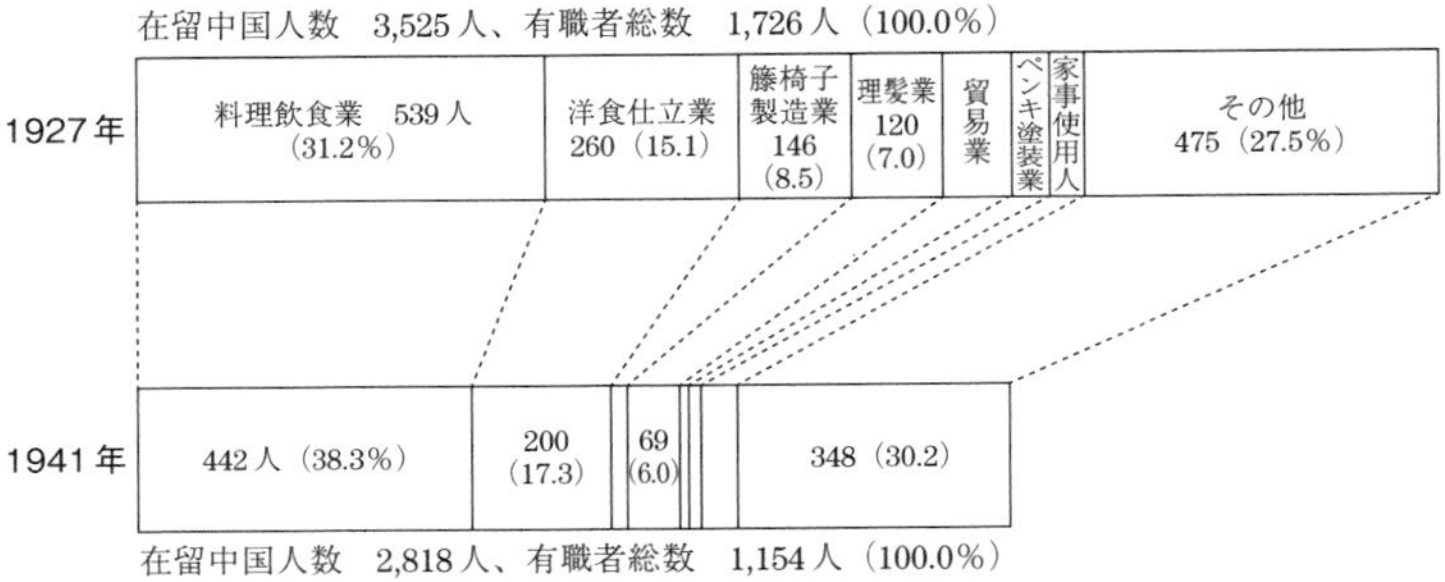

図3－4　神奈川県在留華僑の職業別従業者数　両年次とも神奈川県調べによる。台湾人は含まれない。出典：山下清海（1991）

いた（横浜市統計書）。一九四一（昭和一六）年末の場合も、ほぼ同様の傾向であったと思われる。

南京町で生活する華僑は、日本人との競争の少ない分野の職業へ進出してきた。第二次世界大戦前の三把刀業のほかに、籐椅子製造、ペンキ塗装などの手職的技術を必要とする分野での活動も、日本人との競争が少なかったことに主因がある。三把刀業のうち、第二次世界大戦後、理髪業・洋服仕立業が衰退したのは、これらの分野への日本人の進出が著しくなったためである。

料理飲食業

三把刀業のうち、まず現在の横浜中華街の骨格をなす料理飲食業についてみてみよう。図3－4をみると、すでに一九二七（昭和二）年において、神奈川県在留中国人（有職者）の三一・二パーセントが料理飲食業に従事していたことがわかる。また一九四一（昭和一六）年においても、その割合は三八・三パーセントを占め、南京町でもっとも多い職業であった。中国料理店の多くは広東人によって経営され、その次に多いのは三江人経営のものであった。

横浜中華街の老舗「聘珍楼《へいちんろう》」は、一八八四（明治一七）年、広東人が創業した。一九四〇（昭和一五）年頃、現在の中華街大通りには、平安楼、萬新楼、金陵（広東）、一楽（高明県）、聘珍楼（広東）、茗新楼、安楽園（北京料理）、成昌楼、永楽軒の中国料理店があった。これらの中国料理店は、ほとんど広東人の経営であった。これらのほかに、横丁や裏道を合わせると大小合わせて三〇軒ほどの中国料理店があった（財団法人中華会館・横浜開港資料館編、二〇一〇年、一〇三頁／横浜開港資料館館報「開港のひろば」第一〇五号〔二〇〇九年七月二九日発行〕）。これらの中国料理店は、一九四五（昭和二〇）年五月の横浜大空襲で焼失した。

なお、現在の善隣門の横（山下町一五四番地）、横浜大飯店の場所にあった「平安楼」は、横浜市議をつとめた日本人の沼田安蔵が一九三五（昭和一〇）年に開業した中国料理店であった（口絵写真参照）。瓦葺き屋根の大規模な敷地の中には中庭があり、和室には日本で発明されたといわれる回転式テーブルが備えられていた。この店舗の雰囲気は、最近まで残っていた店でいえば、規模こそ平安楼より小さいが、二〇一一年に閉店した「安楽園」を思い起こさせる（図3－5）。

三把刀業に関し、曽徳深は「料理包丁を操るのは広東人、洋服を裁断するのは上海人、頭の毛を刈るのは揚州・鎮江人である」と記している（曽徳深、二〇〇五年）。華僑の出身地が異なれば使用する中国語の方言も異なる。方言集団ごとに、得意とする職業が決まっていた。このことは世

図3-5　中華街大通りにあった老舗中国料理店「安楽園」（2009年）　2011年に閉業

界の華僑社会においても共通することである。伝統的な華僑社会では、生業も居住する場所も、方言集団ごとに「すみ分け」が行われていたのである。

洋服仕立業

文明開化に伴い、日本人も軍服や制服など洋服を着るようになった。洋服を作ることができる日本人がまだ少ない中で、華僑の洋服仕立業者に対する需要が高まっていった。洋服仕立業に従事した華僑の多くは、西洋に開かれた上海からやってきた三江人であり、「上海テーラー」とも呼ばれた。アヘン戦争の講和条約である一八四二年の南京条約により上海は開港し、外国人の租界が設けられていた。このような中で、欧米人相手に洋服仕立ての技術を身につけた「上海テーラー」が、横浜開港に伴い来港したのである。

日本人男性の軍人や役人などから軍服や制服などの注文が増加した。一九一八（大正七）年には、華僑の洋服店の数がピークを迎え、四〇店近くが軒を連ねていたという（横浜中華街公式ウェブサイト「中華街小故事」）。その後、しだいに日本人経営の洋服店が増加するのに伴い、華僑経営の洋服店は減少していった。

「上海テーラー」といっても、洋服仕立業に従事した者は、上海周辺の浙江省や江蘇省の出身者が多かった。厳密には上海出身でなくとも、浙江省や江蘇省出身者は、「私は大都会、上海の出身者である」、「私は上海人だ」と、上海のブランド力を活用したようである。

たとえば上海の南にある浙江省の寧波は、古くから重要な港町として発展してきたところで、日本との交易においても重要な役割を果たしてきた。この寧波出身の陳徳金《ちんとくきん》は、そんなテーラーの一人であった。彼は、一九一四（大正三）年、長崎の洋服店で修業をはじめ、一九一八（大正七）年には、親戚の紹介で横浜の南京町の洋服店に勤めるようになった。その後、東京で華僑が経営する皇室御用達の洋品会社へ就職。一九二六（大正一五）年には、上海の日本租界で洋服店を開業。戦後、横浜に戻り、一九五四年、南京町でおもに米兵相手の洋服店を開業した。一九六一年には元町に移り、一九六五年まで洋服店の営業を続けた（村上令一、一九九七年、九一〜九三頁）。

図3-6　福昌中国服装店（1990年）

南京町では、洋服仕立業者の中に、洋服だけでなく中国服もつくる店もあった。図３－６は、一九九〇年に上海路で撮影した華僑経営の中国服専門店（二〇一三年閉店）の看板である。店舗は、ここから細い路地を入ったところにあった。一般の日本人が知っているチャイナドレスは正装のものだが、この「福昌中国服装店」では、華僑の普段着を仕立てるのが売りであった。店主の方選龍《ほうせんりゅう》は、上海の中国服専門店で修業した後、一九四五年の終戦の数カ月後に来日、神戸・東京を経て横浜に来た。華僑の普段着や中国料理店の制服の注文を受けながら、しだいに旗袍《チーパオ》（ワンピース式の女性用中国服）の注文を受けるようになった（横浜ユーラシア文化館編、二〇一九年、五一頁）。

理髪業

三把刀業の最後、理髪業についてみてみよう。中国では、清朝を建国した満族（満州族）の習慣で、頭の周囲の髪をそり、残った髪を編んで後ろに長く垂らす辮髪を漢族の男性にも強制していた。このため、清朝の時代には、理髪業はあまり栄えていなかった。しかし一九一一（明治四四）年の辛亥革命で清朝が倒れると、辮髪の習慣がなくなり、南京町でも理髪店が増えていった。理髪業に従事したのは、江蘇省の揚州出身者が多かった。揚州は伝統的に刃物生産が盛んで、上海でも理髪業といえば揚州人の専売特許であったという（横浜中華街公式ウェブサイト「中華街小故事」）。江蘇省は長江の下流に位置し、江蘇省の省都は南京である。上海から南京まで高速鉄道（新幹線）を利用すると、南京の手前の主要駅が鎮江である。そして鎮江の北に隣接するのが揚州である。

横浜中華街の最後の中国理髪店「発記」（図３－７）の経営者が、毛道徳《もうどうとく》（二〇〇四年死去）であった。毛は江蘇省鎮江の出身で、一六歳の時に来日し、一九二八（昭和三）年、理髪店を営む親類を頼って現在の横浜市中区小港町で働き始めた。「あの頃、横浜には中国床屋が一五〇人はいた。それが今は一軒だけ、私ひとりだよ」と、一九九二年のインタビューに答えている。最初の理髪店をやめた後は、東京や横浜市中区長者町の理髪店などで働き、一九四六年、バラックづくりの理髪店を中道通り（現・上海路）に開業し、商売繁盛という思いを込めて「発記」と名付けた。仕事が早く、料金が安い「発記」は、華僑だけでなく日本人の客にも人気があったという（村上令一、一九九七年、一一四〜一一六頁）。

毛道徳は、「発記」で、一九八七年頃、次のように話している。「普通は散髪代二八〇〇円、ウチは二〇〇〇円、一番安いのよ。組合文句言うても値上げしないの。私とこ馴染みのお客さんばっかりだからね、若い人と違う。古いお客さんたち年とってるお客さんで、みんな死んじゃうから一年一年減ってくのよ」（佐藤和孝ほか、一九八八年、九二〜一〇〇頁）。

図3-7　発記（1999年）　ドアには「BARBER 発記　中国理髪」とある

なお華僑経営の理髪店のセールスポイントは、少し時間をかけて丁寧に行う耳そうじであった。これは中国式理髪店の伝統で、耳そうじを目当てに訪れる日本人客も少なくなかった。このような中国式耳そうじに関する新聞記事が、地域は違うが、私の新聞スクラップブックから見つかった。概要は次のとおりである。

秋田市南通亀の町の理容店「よしだ」の店の看板には、「中華式耳そうじ」の大きな文字。現在の経営者の父親が、戦時中、満州で中国人理容師が耳そうじをするのを見て、戦後、秋田市で理容店を開いた時に取り入れた。この店での「中華式耳そうじ」の手順は、次の通りである。①横から白熱灯のスタンドライトを当て耳の穴を見やすくする、②「穴刀《あなとう》」という両刃の平たい鉄製の棒を耳に入れ、回転させながらうぶ毛をそる、③耳かき棒で耳あかを取る、④ポンテンと呼ばれる綿付きの耳かき棒で細かな汚れを落とす（「耳そうじは絶対自信」『秋田魁新報』一九九二年四月二三日夕刊）。

籐椅子製造と周ピアノ

三把刀業のほかに、南京町では華僑のさまざまな職業がみられた。

広東人の従事者が多い職業として、料理飲食業のほかに籐椅子の製造・販売があげられる。籐（ラタン）は、熱帯雨林のジャングルに自生するヤシ科の植物で、通常の木材よりも丈夫で、曲線の加工に適しているため、籐製のイスやかごなどの製造に用いられてきた。

李奕寛《りえきかん》は、一九一二（明治四五、大正元）年に横浜で生まれた。父親は広東省台山（図3－3参照）の出身で、南京町で籐椅子製造・販売店「鴻利《こうり》」を営んでいた。現在の南門シルクロードには、当時籐椅子製造業の店舗が多く、香港から運ばれてきた籐の芯や皮で籐椅子を製造し、おもに外国人に販売していた。一九三〇（昭和五）年くらいからの経済不況、日中関係の悪化などにより籐椅子の製造・販売は難しくなり、李奕寛は中国料理店で働くようになった（財団法人中華会館・横浜開港資料館編、二〇一〇年、一四八～一六九頁）。

外国人居留地では、ピアノの製造・販売を行っていたイギリス系の貿易商社があった。浙江省

図3-8　籐製品を販売する「源豊行」（1978年）　現在は中華食材・中国食品の専門店

図3-9　周興華洋琴専製所　現・南門シルクロード。左側手前に看板がある。所蔵：横浜開港資料館

鎮海県（現在、寧波市鎮海区）黄河村出身の周筱笙《しゅうしょうせい》は、上海にあったイギリス系の楽器商モートリー商会で、一〇年以上、ピアノ製造・販売に従事していた。その後、一九〇五（明治三八）年、横浜に来港し、イギリス系ピアノ製造会社であるスウェイツ商会のピアノ工場の主任になった。その勤めの傍ら、南京町内の一画に研究所を設け、独力でピアノ製造を試み、一九一二（明治四五）年、念願のピアノ製造工場である「周興華洋琴専製所」（山下町一二三番地）を構えた（図3－9）（伊藤泉美、一九九六年）。その場所は、現在の媽祖廟《まそびょう》の隣である。

しかし、一九二三（大正一二）年の関東大震災で周筱笙は犠牲となり、周の店舗・工場も灰燼に帰した。翌一九二四年、二代目の周譲傑《しゅうじょうけつ》は横浜市南区堀ノ内（南京町から西南へ三キロメートルあまり）に新たにピアノ製造工場を設立した。この工場も、一九四五（昭和二〇）年四月一五日深夜の空襲で、再び焼失した。こうして累計約三〇〇台のピアノを製造した周のピアノ工場は、戦後、再建されることはなかった。現在、一〇台ほどの「周ピアノ」が現存していることが確認されているが、そのうち三台は横浜中華街の中国料理店「萬珍樓本店」に展示されている（読売新聞社横浜支局、一九九八年、一四〜二一頁／「知っていますか？　横浜の貴重なピアノ」『カナロコ』二〇一九年一二月二五日）。

3　華僑の教育と伝統的生活

大同学校——華僑学校の設立

多くの華僑が苦労しながら海外に渡ったのは、中国にいた時より少しでもよい暮らしをしたいためであった。自分たちは貧しかったために十分な教育を受けられなかったが、学校でしっかりと知識を習得してほしいと、子どもたちのために親たちは一生懸命働いた。

横浜における華僑子弟のための教育機関である最初の華僑学校は、一八九九（明治三二）年、南京町の中華会館の隣地に創立された「大同学校」である（図3－10）（横浜市役所編、一九三二年b、二七九頁）。なお、これより先、一八九七（明治三〇）年に来日した孫文は、日本における初の華僑学校「中西学校」の創立を提議していた。

清朝末期、孫文ら革命派と康有為ら保皇派が対立していたが、大同学校は、中国からの康有為派の亡命者たちによって経営され、初代の校長は犬養毅がつとめた（横浜商業会議所編、一九〇九年、二三二～二三三頁）。南京町の華僑社会の出身地別構成において、最大多数を占めるのが広東人であることを反映し、大同学校における授業は広東語で行われ、教科書は上海で作成されたものが

図3-10　大同学校校舎前の教師と生徒（1912年）
出典：『横浜山手中華学校百年校誌』（横浜山手中華学校所蔵）

使用された。

大同学校の生徒数は、関東大震災前の一九一九（大正八）年には、四三七名（男子二六一名、女子一七六名）に達していた。このほか一九〇五（明治三八）年頃には、孫文が「華僑学校」という名の学校を開設し、また同じ頃、三江地方出身者らは、「中華学校」を設立した。これらの学校における授業の際の用語は、「華僑学校」では広東語、「中華学校」では寧波方言であった（華僑史編纂委員会編、一九六五年、一六二～一六五頁）。一九一八（大正七）年には、これらの学校を卒業した華僑子弟が、さらに日本の高等学校や専門学校に入る準備のための学校として、「志成中学校」が創立された。なお同校は、一九一六（大正五）年に、東京築地の立教大学内から横浜に移され、山下町五三番地に校舎が置かれたという（横浜市役所編、一九三二年b、二八〇頁）。

一九二三（大正一二）年の関東大震災により、これらの中華学校はことごとく破壊・焼失した。志成中学校は震災後そのまま廃校となり、他の三校は統合され「中華公立学校」が、山下町一四〇番地に新設された。この学校では、授業は主として広東語で行われた（内田直作、一九四九年、二四二〜二四三頁／横浜市役所編、一九三二年b、五〇四〜五〇五頁）。横浜市の統計によれば、一九三〇（昭和五）年三月末には、同校の生徒数は四五九名（男子二八五名、女子一七四名）とピークに達した。しかし、その後、日本と中国が戦争状態に入ると、中華公立学校は敵国施設とみなされ、日本当局の厳重な監視下におかれ、また華僑の帰国者も増加し、生徒数は減少していった。

落葉帰根——華僑の伝統的生活様式

最後に、文化についてみてみよう。第二次世界大戦前の南京町在住華僑に関する資料・文献は乏しく、華僑の文化的側面についても十分に明らかにはされていないが、まずは華僑の住生活からみていこう。

関東大震災前の南京町の住居は、二、三階建ての赤レンガ造りが主体であった。しかしレンガ造りは耐震性が低く、震災後、その苦い経験から建物の多くが木造に変わった。南京町は、関東大震災と第二次大戦末期の空襲により二度にわたって壊滅したが、これらが南京町の伝統的な中国式建築様式を大きく変容させることになった。華僑の住宅に畳が多くみられるようになったのも、第二次世界大戦後のことである。

一九七〇年代後半、中華街の調査で華僑の自宅を訪問した際は、畳部屋であったが、そこにテーブルと椅子を置き、寝るときはベッドを利用している例が多かった。日本人のように、畳の上に座ってお膳で食事を食べることや、畳の上に布団を敷いて寝ることには抵抗があるとのことであった。
「華僑」の「僑」の意味は「僑居《きょうきょ》」、すなわち「仮住まい」を意味する。文字通り海外に出ていった華僑は、いずれ中国の故郷に帰るつもりであった。木の葉が地上に落ちて土に帰るように、海外に出ていった華僑も最後には故郷へ帰る、という「落葉帰根《らくようきこん》」の精神である。

このため、横浜で死亡した華僑の遺体は、いったん華僑共同墓地である中華義荘に埋葬されても、その後、棺《ひつぎ》は廻葬船（帰葬船）によって中国に送られ、故郷の土地に改めて葬られた（大野、一九五七年）。遺体の入った棺桶は、中に石灰を詰めて中華義荘に埋葬され、廻送船がやってきた時に掘り起こされ、中国の故郷に運ばれた（佐藤和孝ほか、一九八八年、六六～六七頁）。

一八七八（明治一一）年には、八〇棺が中国へ廻葬されたが、一九二三（大正一二）年の関東大震災で華僑の中にあまりに多数の犠牲者が出たため、廻葬は中断された。一九三七（昭和一二）年の日中戦争後、廻葬船の運航は途絶え、またこの後に述べる中華義荘の墓地も手狭になった関係で、しだいに火葬が増えていった。

横浜の開港当初、山手居留地の土地の一部が華僑の墓地として利用されていた。日本人は、「アメリカ墓」「ロシア墓」「イギリス墓」と並んで「南京墓」と呼んでいた（財団法人中華会館、一九九七年、二四～二七頁／陳水發、一九九七年、一四三～一六八頁）。しかし、華僑の増加により、「南京墓」は手狭になり、一八七三（明治六）年に現在の中区大芝台《おおしばだい》（南京町から南西に直線で約二キロメートル）に一〇〇〇坪の土地を、神奈川県から墓地用に貸与された（伊藤泉美、二〇一八年、一三七〜一三八頁）。そこが中国人墓地「中華義荘」である（図3－11・3－12）。中華義荘内には、一八九二（明治二五）年、地蔵王菩薩と先祖の霊をまつる地蔵王廟が建設された。

華僑の葬儀も土葬から火葬になり、また時代が進むにつれ華僑の生活も日本への同化が進んでいった。すなわち「落葉帰根」から、日本に定着して根をおろす「落地生根」へ移り変わってきたのだ。

図3-11　中華義荘（上）と地蔵王廟（下）（2005年）

図3-12　中華義荘の安霊堂に保管された棺桶（1976年）
中国で作られた棺桶は、日本の棺桶より厚い木材が用いられていた

次に、祭礼である。戦前に華僑のあいだで盛大に行われてきた伝統的な祭礼としては、第一章にも出てきた関羽祭があげられる。関羽祭は旧暦五月一三日に催され、獅子舞や龍の玉取舞が町中をねり歩いた（「横浜居留地支那人関羽祭の景況」『横浜毎日新聞』一八七六（明治九）年六月五日付／横浜市役所編、一九三二年a、五七七〜五七九頁）。また、四月五日頃の清明節には、先祖をまつる中華義荘に多くの華僑が墓参りに訪れた。これは現在まで続いている。

東南アジアのチャイナタウンを歩くと、媽祖、関羽、観音菩薩をはじめさまざまな神様をまつった大小の廟に出会う。なかでも関羽は特に広東人に人気があり、広東人が多い東南アジア、アメリカやカナダのチャイナタウンでも、商売繁盛の神様（財神）として信仰されてきた。横浜の南京町だけでなく、神戸の南京町でも関羽をまつる関帝廟がつくられたのも、広東人が多い横浜と神戸の華僑社会の特質を表している。一方、シンガポール、マレーシア、フィリピンなど福建人が多い地域や、福建省から対岸へと人びとが多数移住した台湾では、媽祖信仰が強く、多数の媽祖廟がみられる。詳しくは後述するが、横浜中華街にも二〇〇六年に建設された。

今日、大勢の来街者でにぎわう横浜中華街であるが、そこに至る道のりには、伝統的な社会、文化を守り続けてきた華僑の思いが受け継がれているのである。

第四章

ヤミ市、「外人バー」街、そして観光地へ

1　ヤミ市から始まった復興

アメリカ軍による接収を免れた南京町

第二章で述べたように、一九四五年八月三〇日、連合国軍最高司令官、ダグラス・マッカーサー元帥は、厚木飛行場に到着後、南京町に近い、山下公園に面したホテルニューグランド（山下町一〇番地）に到着し、そこに三日間滞在した。

終戦に伴い進駐した連合国軍は、横浜の港湾施設、中心部の官公庁、学校、劇場、百貨店、事務所などを広範囲に接収した。このため、横浜の都市機能はほとんど麻痺するに至り、戦前の横浜経済を支えていた商社、金融機関や企業の本店は、東京やその他の地域への移転を余儀なくさ

れた。横浜税関（図4－1）には連合国軍臨時司令部、のちにアメリカ第八軍司令部などが置かれた（横浜市ウェブサイト「接収の歴史」）。横浜公園球場（現・横浜スタジアム）も接収され、アメリカ、メジャーリーグのプロ野球選手ルー・ゲーリッグに因んで、「ルー・ゲーリック・メモリアル・スタジアム」（ゲーリック球場）と改名された。山下公園には将校用の住宅が立ち並び、中央部は一九五四年に返還されたが、その全面返還は一九六〇年であった。

図4−1　横浜税関（現在の横浜税関本関庁舎）（2021年）

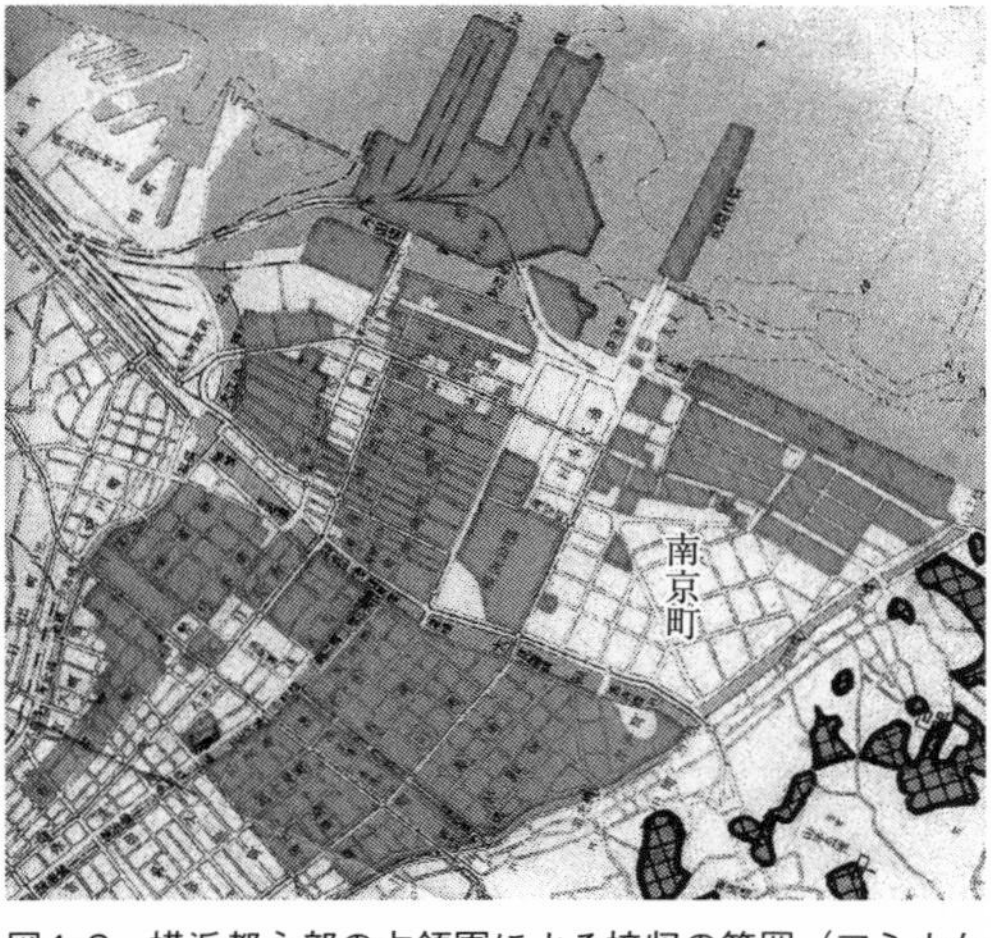

図4−2　横浜都心部の占領軍による接収の範囲（アミカケ部）（「横浜隣接地帯接収現況図」部分）（1951年）
所蔵：神奈川県立公文書館（横浜市総務局市史編集室〔2000〕をもとに作成）

日本政府の「帝都東京占領軍進駐阻止」の方針により、横浜をはじめ神奈川県下の各都市が、駐留施設を受け入れることになった。一九五二年当時、横浜市の接収地面積は、全国の約六二％を占めた（横浜市企画調整局編、一九八一年）。

しかし日本の敗戦によって、「戦勝国人」となった華僑（中華民国人）が多く住む南京町は、ほとんどが接収を免れた（図４－２）。

ヤミ市誕生

日本の敗戦後、連合国軍最高司令官総司令部（ＧＨＱ）は、日本に居留する旧外地（台湾・朝鮮など）に帰属する人びと、すなわち朝鮮人・台湾人を「非日本人」としてあつかった。戦争中および終戦後の南京町の状況について、近隣に住んでいた日本人は次のように語っている（中区制50周年記念事業実行委員会編、一九八五年、三四〇頁）。

戦争中、中華街には、日本中の中国人をここに集めたっていいますが、急に人口が増えました。そして官憲の監視のもとで商売をしていました。下町はこの頃生活の設備（施設……編者注）が悪くって、特に水が悪かったため、えらく健康を害した人も多くって、ずい分中国人は気の毒な思いしたんです。（山下町有志座談会）

終戦直後、南京町はヤミ市と化し、一時的な繁栄をみせた。南京町は、「得られないものは何もない市場」として繁盛したのである。

一九四五年一一月四日の『毎日新聞』は、当時の南京町を次のように伝えている（中区制50周年記念事業実行委員会編、一九八五年、三四四頁）。

横浜山下町は、焼跡に最近はトタン張りのバラックが軒を並べ、さすがに素早い復興色を見せてゐるが、店先きに並べたり或は立売りの林檎、蜜柑などの果物、様々の揚物類、魚等々の食糧品やバラック食堂のどんぶりものなどが市民の足を引き寄せて、このところ新風景を現出してゐる（後略）。

前出の山口辰男も、「『中華街へ行けば、「銀シャリ飯《めし》」が腹一杯喰えるとサ』という話を聞く度に市民は羨望の唾《つば》をのみ込んだ。中華街に一歩足を踏み入れれば、よくもまあこんなに物資があるもんだナと魂消《たまげ》たものだ」と述べている（山口辰男、一九八二年、五一～五二頁）。

戦後、台湾人は中華民国籍を回復した。また一転して「戦勝国民」となった華僑の中には、ヤミ市で多額の富を得た者も少なくない。ヤミ市で蓄積した資金で、東京に進出した者もいた。南京町に近い桜木町駅そばの野毛《のげ》にも、華僑の店を含むヤミ市が形成された。

南京町の中国人には戦勝国民ということで、統制品である米穀、野菜などの食料品、衣料品、医薬品などの生活物資が、アメリカ軍によって優先的に供給された。また南京町周辺のアメリカ軍基地で働き始めた中国人が、基地内で入手した食料品、タバコ、衣服、革靴、医薬品などを、焼跡のヤミ市で売るようになった（菅原一孝、一九九六年、一五〇頁）。

統制品の密売に対して、当局も取締りを行った。

たとえば一九四七年四月五日午前零時、アメリカ軍憲兵隊と日本の警察が横浜市中区中華街で白米約一〇キログラム、小麦粉八〇〇キログラムのほか、缶詰二〇〇〇個、タバコ数千個のほかパン粉、ウイスキー、砂糖など大量のアメリカ軍物資と統制品を押収したと新聞記事に掲載されている（『朝日新聞』〔東京版〕一九四七年四月六日）。

前出のNHK教育テレビ（現・Eテレ）の番組「なんでも好奇心　横浜中華街」の「第三回中華街誕生　戦後〜日中国交回復」（二〇〇五年四月二〇日放送）では、ヤミ市時代の南京町の様子を、梁兆華《りようちようか》（放送当時九〇歳）が語った。

広東出身で、五人の子どもがいた梁さんは、終戦直後、南京町の中にせんべい工場を作り、四〇人の従業員を雇い、大量のせんべいを焼いた。当時は、国連による中華民国人すなわち華僑への救済物資（肉、油、パンなどの食料、衣類、雑貨など）が毎日船で運ばれてきて、自分で使って余ったものは街で売ったり、地方に出かけて米と取り換えたりした。梁さんはその米を原料に、せんべいを作った。食料統制が行われて米が入手できないので、簡単に食べられ、日持ちもよく、運ぶのも容易なせんべいは飛ぶように売れ、非常にもうかったそうである。

港ヨコハマのマドロス酒場街へ

長い旅路の　航海終えて
船が港に　泊まる夜
海の苦労を　グラスの酒に
みんな忘れる　マドロス酒場
ああ　港町　十三番地
（歌：美空ひばり、作詞：石本美由起、作曲：上原げんと　ＪＡＳＲＡＣ出２１０９６１５－１０１）

この歌詞をご存じの読者は多いだろう。美空ひばりのヒット曲「港町十三番地」である。この歌詞の中にある「マドロス」とは、オランダ語の「matroos」で、船員、船乗り、水夫などを意味する。

港町や船乗りの心情を歌った歌謡曲は、岡晴夫の「憧れのハワイ航路」（一九四八年）や津村謙の「上海帰りのリル」（一九五二年）に代表されるように、終戦後から一九五〇年代、六〇年代に「マドロス歌謡」、「マドロス曲」と呼ばれてヒットした。美空ひばりの「港町十三番地」が発売されたのは、一九五七年である。

敗戦後、それまで制限されていたアメリカをはじめ海外の様々な情報が一挙に日本に入ってきた。戦後の貧窮する中で欧米文化が豊かに見え、多くの日本人は、海外への興味やあこがれが強くなった。そのようななか、海外と行き来する船乗り、すなわち「マドロスたち」に、自分たちのあこがれや夢を重ねていたのかもしれない。日本人のハワイへの強い関心も、それを反映しているのだろう。

「港町十三番地」や「ひばりのマドロスさん」を歌った美空ひばり（一九三七〜八九年）は、自身も、港町に近い横浜市磯子区滝頭（南京町から南西方面へ直線で約三・五キロメートル）の出身であった。

「港町十三番地」の歌詞の中には、先ほど引用したように「海の苦労を　グラスの酒に　みんな忘れる　マドロス酒場」という歌詞が出てくる。遠洋航海のマドロスにとって、久しぶりに陸《おか》に上がっての最大の楽しみは、「マドロス酒場」であった。国際貿易港である横浜には、外国人のマドロス相手の酒場、つまりマドロス酒場が密集していた。そして、その場所が現在の横浜中華街であった。

なお、チャイナタウンがマドロス酒場密集地となることは、ほかの都市にもみられる。マドロス酒場は、横浜と同じく港町である神戸の南京町にも集中していたし、ハワイ、オアフ島のホノルルのチャイナタウンでは、その名残が今日もみられる。大勢の日本人観光客が訪れるのは、ホノルルのワイキキ・ビーチであるが、ホノルルの昔からのダウンタウンにはチャイナタウンが形成されている。アロハ・タワーがあるホノルル港は、航空機時代になる前はハワイの表玄関で、ここに入港すると、多くの船員はチャイナタウンに向かった。ホノルルのチャイナタウンのメインストリートは、正式名称がホテル・ストリート（Hotel Street）である。長い航海を経て久々に上陸した船員は、ホテル・ストリートの一階に立ち並ぶバーに向かい、その後、バーの二階のホテルで女性とともに「休憩」するのがパターンであった。

「外人バー」街としての南京町

歌謡曲の中ではロマンチックな響きをもつ「マドロス酒場」であるが、一般的には「外人バー」と呼ばれていた（「外人」という言葉は差別的なニュアンスのため現在は使用されないが、当時はこのような酒場に「外人バー」という言葉が主に使用されたため、以下「外人バー」と表記する）。外人バーが多い地区は、「酔っぱらった外人がよくケンカしている」ところで、密輸、売春が横行し、ヤクザが暗躍する、近寄らないほうがよい場所であった。

終戦直後、南京町は一時的にヤミ市としてにぎわったが、一九四八年にピークをむかえた後は、ヤミ市としての役割を終えていった。しかし南京町周辺には、多数のアメリカ兵が駐留していた。一九五〇年六月、朝鮮戦争が勃発すると、駐留アメリカ兵はさらに増加した。南京町には、横浜港に出入りする船舶の外国人船員だけでなく、アメリカ兵相手のバーやキャバレーが林立するようになった。

こうして、南京町はアメリカ兵、外国人船員相手の歓楽街としての性格を強めていった。しか

図4–3　バー、クラブ、ホルモン料理店などが並ぶ香港路（1961年）　提供：朝日新聞社

し、一九五三年七月の朝鮮戦争の休戦以降、駐留アメリカ兵の人数も減少し、おもに外国人船員相手の外人バー街となっていった（図４－３）。

外人バー街の怪しげな雰囲気は、一般の日本人を南京町から遠ざけた。酔っぱらった外人がしょっちゅう喧嘩しているような場所とみられていたのだ。事実、そこは密輸、売春、殺人・傷害事件などの舞台でもあった。

私が修士論文の研究で、横浜中華街で本格的な調査を始めたのは一九七五年からである。当時においてもバー、スナックがあり、外人バー街の名残がみられた（図４－４）。日中は空き店舗のように見えたところが、夜になると派手なネオンが輝き、雰囲気が一変した。バー、スナックは、中華料理店が集まる大通りよりは、裏通り、横道に多かった。その経営者や従業員の中には、華僑だけでなく、コリアンも含まれていた。横浜中華街の中で、コリアンが比較的多かったのは、現在の関帝廟通りと市場通りの交差点の南側の地区で、地元では「コリアンマーケット」と親しまれていた（ハイロン張沢、一九九七年、一一四〜一一五頁）。

関帝廟の正面に向かって右側の中山路は、一九七〇年代半ばでも、バー・スナックが特に集中していた通りであった。「中山路は米軍がそう呼んでいたことから〝ハッピーアベニュー〟などの通称で呼ばれていました」（横浜中華街公式ウェブサイト「通りの名前に歴史あり！」）。

一九七五年当時、横浜中華学院の近く、現在の長安道から細い路地を入ったところに（山下町一四三）、「横浜国際バー組合」の表札を掲げた家屋があったが、いつ行っても不在であった。

図4-4　1977年当時の外人バー（現在の長安道）

他に外人バーが多かったのは香港路である（図4-3）。現在、香港路の両側には二〇軒近くの中国料理店が建ち並び、中華街らしいにぎやかな通りである。一九七〇年代半ばでも、香港路には、中華粥専門の老舗「安記」、客の行列が絶えない「海員閣」、台湾派の重鎮、呉笑安が経営する「順海閣」（この土地は元は銭湯であった）などがあった。しかし当時、この暗い通りには外人バーも多く建ち並んでいた。

『神奈川新聞』の記者であった白神義夫は、この界隈の状況を、次のように記している。

横浜・中華街には「ポンコツ横丁」という通りがある。ひとむかしまえまでは、うす暗い通りで、ちょっと気の小さい人など、歩くことさえ避けた。マドロス同士の喧嘩がたえず、殴られたほうがポンコツになるとか、いわれはさだかではない。

（白神義夫、一九七三年、一四二頁）

ところで、外人バーの話からは離れるが、一九七五、七六年頃、修士論文執筆のために横浜中華街に通っていた時、気になったホテルの話をしておきたい。

当時、国鉄（現・JR）桜木町駅や県立図書館に近い神奈川ユースホステルによく泊まっていたが、横浜中華街の中にも気になるホテルがあった。現在の南門シルクロードの飲茶《ヤムチャ》食べ放題の「招福門」の向かいにあった三階建ての古びた「旅館オリエンタル」（中国語名、東方旅社）である（図4－5）。一度はこの怪しげな雰囲気のホテルに泊まってみようと、飛び込みで「今夜、泊まれますか？」と尋ねた。するとホテルの受付は、即答せずに私の様子をしばらく確認したあと、「満室です」と言った。もともと華僑経営のおもに船員用のホテルで、台湾人船員が多く利用していたという（「中華街にある怪しい建物、オリエンタルホテルは営業してるのか!?」『はまれぽ』二〇一一年六月九日）。

旅館オリエンタルは二〇一五年に解体され、その後、オーダーバイキングの中国料理店「萬源

図4–5　旅館オリエンタル（1999年）

酒家」になった。そして、その隣には、九階建てのホテルリブマックスが二〇一七年、オープンした。

2 「南京町」から「中華街」へ

中華街のシンボル、牌楼の建設

「南京町」から「中華街」への改称のきっかけは、終戦後、平沼亮三横浜市長（俳優石坂浩二の母方の祖父）や半井清《なからいきよし》横浜商工会議所会頭らが、観光地として繁栄しているサンフランシスコのチャイナタウンを視察したことだった。そして、平沼市長は横浜の南京町の観光地としての発展の可能性に目をつけた。一九五三年、横浜市と横浜商工会議所が中心となり、南京町や隣接する元町の復興計画の基本方針が決められた。すなわち、南京町・元町・山下公園の地域全域の道路拡幅、安楽園（二〇一一年廃業）・萬珍樓・華正樓等の老舗中国料理店による広告宣伝と料理の再吟味、洋服仕立屋を一流なものに育成することなどであった（菅原一孝、二〇〇七年、一五六〜一六九頁）。

当時、サンフランシスコのチャイナタウンの知名度は、日本では高かった。というのも、渡辺はま子が歌った「桑港《サンフランシスコ》のチャイナ街《タウン》」が、一九五〇年に発売され、大ヒットしたからである。老舗中国料理店「萬珍樓」の経営者、林兼正《はやしけんせい》および弟の「聘珍樓」の経営者、林康弘《はやしやすひろ》の父である麗競康は、広東省高明県の出身で、戦前から「聘珍樓」を経営していた。当時、南京街の世話役をしていた麗競康は、南京町に牌楼《バイロウ》（中国式楼門）を建設するための寄付金集めに奔走した（林兼正、二〇一四年、三八頁）。なお、サンフランシスコのチャイナタウンに牌楼が建立されたのは一九七〇年で、その扁額には孫文が好んで揮毫《きごう》した「天下為公」（天下国家は君主の私物ではなく、天下は公民のものである、という意味）と書かれている（山下清海、二〇〇〇年、二八頁）。

一九五五年二月、現在の中華街大通りの入り口に、初の牌楼が建設された（図4-6）。その牌楼には、「中華街」と「親仁善隣」と書かれた扁額が掲げられた。「親仁善隣」とは、思いやりをもって、隣国や隣家と仲良くする、という意味である。この牌楼を、地元華僑は、親しみを込めて「赤門」と呼んでいたが、「親仁善隣」からの二文字を取り、しだいに「善隣門」と呼ばれるようになった。

現在の中華街は、それまで「南京町（街）」や「支那町（街）」と呼ばれてきた。一九五六年に刊行された『岩波写真文庫　横浜』には、「南京街」と紹介されている（五三頁）。華僑自身は一九五〇年代前半まで、横浜中華街のことを「唐人街」と呼んでいたようである（林兼正、二〇一四年、三七頁）。

海外ではチャイナタウンのことを、中国語で「唐人街」と呼ぶことがもっとも一般的である。アメリカ、カナダ、イギリス、オーストラリアなどの伝統的な華僑社会では広東人が多いために、チャイナタウンと同じ意味で広東語の「華埠《かふ》」が用いられることも少なくない。「中華街」は横浜で生まれたチャイナタウンの日本式呼称であり、一般の中国語辞書には「中華街」は載っていない。なお中国では、チャイナタウンの意味で「中国城」もよく用いられる。「城」は町や都市という意味である。

図4-6　建立当時の牌楼（1955年2月）
提供：共同通信社

前出のNHK教育テレビ「なんでも好奇心　横浜中華街」第三回（二〇〇五年四月二〇日放送）の中で、その呼び名について、「善隣門」建設時の状況を、「聘珍樓」社長、林康弘が語っている。それによると、「父親の代の時は、商店街の新興というより、誇りが一つのエンジンとなっていました。父親は、『南京町』と呼ばれるのが嫌だったと言っていました。そのため、父親ら南京町の華僑たちは、門をつくって『中華街』という言葉を用いたそうです。」

古い新聞記事を検索すると、一九四七年四月六日の『朝日新聞』には、「横浜中華街手入れ」という見出しで、アメリカ軍と日本の警察が中華街で白米、小麦粉、タバコなど大量のアメリカ軍物資と統制品を押収したという記事が掲載されていた。この記事からは善隣門建設前から「中華街」の呼称が用いられていたことがうかがえる。ただし、一九五一年六月一五日の『読売新聞』夕刊には「強盗三人を斬る　横浜南京街　暁の捕物」の見出しも見られる。「中華街」の呼称が定着したのは、「善隣門」の建設以降なのである。

本書でも、善隣門が建設された一九五五年以降、南京町から「中華街」へ呼称を変更することにする。

アクション映画のロケ地

外人バーが多い歓楽街となった中華街は、暗黒街的なイメージがついて回った。そのイメージをさらに濃くしたのは、中華街がアクション映画のロケ地になったことである。

一九四八年、喫茶店「ストーリー」を現在の市場通りに開店した勝部肇（一九二三年生まれ）は、横浜中華街「街づくり」協議会発行の季刊誌「觔斗雲《きんとうん》」の連載「横浜中華街ストーリー」のコーナーで、終戦後の中華街の貴重な思い出を語っている。

中華街っていうと、マフィアがいっぱいいるとか、麻薬だらけだとか、悪いイメージを持っている人がたくさんいたけれど、それってみんな映画の影響だったんだよね。（中略）あのころは、しょっちゅうこの辺でもロケをしていたもんだ。（中略）そんな映画の影響で、一時は来るお客さんも怖がっていたね。

（「觔斗雲」一九九四年冬号）

横浜中華街は、一九六〇年代に人気があった日活のアクション映画では、密輸、麻薬、売春などで稼ぐ悪いヤクザが暗躍する怪しげな街として、石原裕次郎（一九五六年デビュー、一九八七年死去）などのヒーローが活躍する映画のロケ地になった。日活のウェブサイトで公開されている「日活映画ロケ地マップ」では、映画ごとに日本全国のロケ地になった地域が掲載されている。これをもとにして、横浜中華街がロケ地になった映画をリストアップしたのが、表4－1である。

当時の日本映画はアメリカ映画の影響を受け、特に日活は、アクション映画路線の絶頂期であり、石原裕次郎主演の映画は大ヒットを続けた。一九六六年公開の「帰らざる波止場」は、「麻薬組織の罠にはまった世界的ジャズ・ピアニストが、復讐のために訪れた横浜で財閥の未亡人と恋に落ちる。石原裕次郎と浅丘ルリ子の共演で贈るムード・アクション」であった（日活公式ウェブサイト「日活映画ロケ地マップ」）。

表4－1　横浜中華街でロケをした日活映画

公開年月	題名	主なキャスト
1958.1	乳房と銃弾	筑波久子、二谷英明、宍戸錠
1958.10	第3号倉庫	牧真介、二谷英明、堀恭子
1959.5	トップ屋取材帖　迫り来る危機	水島道太郎、白木マリ
1961.1	夜の挑戦者	長門裕之　葉山良二
1961.2	銀座旋風児　嵐が俺を呼んでいる	小林旭、浅丘ルリ子
1962.5	激流に生きる男	高橋英樹、吉永小百合
1963.2	波止場の賭博師	小林旭、小高雄二
1964.8	さすらいの賭博師	小林旭、笹森礼子
1964.12	黒い海峡	石原裕次郎、十朱幸代
1966.8	帰らざる波止場	石原裕次郎、浅丘ルリ子
1966.10	栄光への挑戦	石原裕次郎、小林桂樹、浅丘ルリ子
1967.1	夢は夜ひらく	園まり、渡哲也、高橋英樹
1969.11	「人妻」より　夜の掟	里見浩太朗、藤田佳子
1971.8	不良少女　魔子	夏純子、岡崎二朗

「日活映画ロケ地マップ」より筆者作成

人気があった日活映画も、しだいにテレビが台頭すると、マンネリ化したストーリーでは多くの観客を集めることができなくなった。一九七〇年代には、日本を代表する映画会社であった日活は、「日活ロマンポルノ」と呼ばれる成人映画路線に大きく転換した。

私は、横浜中華街でロケをした映画の中で、中華街がどのように描かれているかを知りたいと思い、一九六六年公開の「栄光への挑戦」（監督：舛田利雄、出演：石原裕次郎、浅丘ルリ子、小林桂樹、川地民夫、北村和夫）の中古DVDを、インターネットで入手した。そのストーリーは、次のとおりである。

元ボクサーであった石原裕次郎演じる宗吾郎は、ビジネスで成功し、東京でキャバレー、レストラン、ボーリング場、スケート場、ショッピングセンターなどを経営する青年実業家になった。金持ちの宗吾郎に目をつけた暴力団が、金を巻き上げようと近寄ってくる。これに対して、宗吾郎は断固抵抗する。その後、宗吾郎の親友が殺される。宗吾郎は親友に贈ったロレックスの高級腕時計が横浜にあることを知り、東京から横浜に向かう。その行先は横浜中華街である。外国人船員らでにぎわう、いわゆる外人バーの店主が、ロレックスの腕時計をもっていたのである。

図4-7　長安道と西門通りの角にあったバー（1961年）
提供：朝日新聞社

映画では、夜の横浜中華街の「善隣門」とネオン輝く中華街大通りが映しだされる。今日、原則として土曜・日曜・祝日の正午から夜八時まで歩行者天国となっている中華街大通りでは、タクシーや来訪者の車などが二列になり渋滞している。映画では、横浜中華街であるのに、中国料理店にまじって、通りではおでんの屋台や和服姿のホステスがみられる。多くの人は、今日の横浜中華街の状況から、当時から横浜中華街では中国料理店が連なっている「華僑の町」だったと考えてしまうだろうが、一九六〇年代半ばの横浜中華街は、中国料理店よりも外人バーが目立つ歓楽街であった。

「このあたりで顔を利《き》かせている」という暴力団の組員が、宗吾郎の親友を殺した際にロレックスの腕時計を奪い去り、横浜中華街の外人バーを利用した際、不足した飲み代の代わりに店に一時的に預けたのであった。ここで宗吾郎は、鉢合わせになった暴力団員らと戦う。

このようなアクション映画で、港町特有の密輸、麻薬、暴力団、外国人船員、アメリカ兵など、怪しげな暗黒街的な横浜中華街のイメージが形成され、それは敗戦直後から一九六〇年代まで続いた。これに対して、横浜中華街の華僑たちはマイナスイメージをあおるようなアクション映画のロケに反対し、その後イメージの改善を果たしていった。

外人バーの衰退

日本の敗戦により、横浜へは多数のアメリカ兵が「進駐軍」(日本に進駐した連合国軍)として押し寄せた。先に述べたように、南京町でもアメリカ兵相手の売春やバーが増加した。

一九五一年に連合国と日本との間で締結されたサンフランシスコ平和条約で占領軍は撤退することになったが、アメリカ軍は引き続き駐留することを認められた。しかし、大量のアメリカ兵は、横浜から去っていった。

前出の喫茶店経営者、勝部肇は、外人バーについて次のように語っている。

終戦後、一気によくなった景気が、サンフランシスコ講和条約でちょっと落ち込んだ。そんなときに起こったのが、昭和二五年の朝鮮戦争なんだね。これで日本の景気自体がよくなったわけだけれども、中華街だって同じことだった。それまで、ここには空き家が多くなってきてて、商売もあがったり。周りの喫茶店もどんどん少なくなってきたね。（中略）朝鮮戦争が起こって（中略）空き家はどうなったかというと、バーになったところが多かったね。米兵たちが遊びに来てバーに寄っては、お金をバーっと使っていくんだ。とにかく、このあたりには船員が多かったね。それで、あやしげなホステスさんもいっぱいいるわけよ。

（「觔斗雲」一九九四年夏号）

その後、外人バーのお得意さんであった外国人船員はどうなったのであろうか。

図4－8は、一九七六年、横浜マリンタワーの展望台からから山下埠頭方面を撮影した写真で、左端の客船は氷川丸である。氷川丸は一九三〇（昭和五）年に建造され、北米航路シアトル線の貨客船として、戦中は病院船として活躍した。戦後もシアトル航路に復帰し、一九六一年から山下公園に係留され、観光名所として親しまれている。

写真の右端の山下埠頭ではコンテナも見られるが、中央には港湾で運搬に使われた「はしけ船」が停泊していた。この写真からわかる通り、この頃はまだはしけ船が使われ、船に荷物を積み込む人手が必要であった。しかし一九七〇年代以降、旧来の貨物船はしだいにコンテナ船に代わり、外国人船員も減少していった。そして中華街に近い山下埠頭の東に位置する本牧埠頭が、

図4-8　山下埠頭の多数の「はしけ船」（1976年）

コンテナ化に対応して、横浜港の中心的な埠頭の役割を果たすようになった。

つまりこれにより、駐留アメリカ兵および外国人船員が減少した。そして外人バー目当てに中華街を訪れる者も減少していったのである。

中華街にもあった映画館——新光映画劇場

中華街大通りにある「同發《どうはつ》」は、明治時代に創業した広東料理の老舗である。「昔の華僑にとって、『結婚披露宴は中華街大通りの同發新館で』が合言葉だった」そうである（『豆彩』編集部編、二〇一八年、四〇五頁）。

「同發」の代表取締役であった周寛美は一九二八年、神戸で生まれ、一九五二年、中華街の「同發」に嫁いできた。戦前、焼き物と乾物の店だった「同發」は、戦後に料理店になった。結婚した当初「バラックみたいだった」本店は、翌年建て替えられた。一九五七年に「別館」ができ、一九六四年には「新館」もできたという（『觔斗雲』一九九三年夏号）。

現在、中華菓子専門の「同發新館売店」となっている「新館」は、かつて「新光映画劇場」という映画館であった。

先ほどから登場している勝部肇は、「新光映画劇場」についても思い出を語っている。

新光映画劇場っていうのができた。（中略）街の人からみんな株を集めて、今の「同發」の新館のところだったんだよね。最初は洋画の封切館。そのあとは大映の封切館になった。「羅生門」のときなんかも、伊勢佐木町に行けばすごい行列。なのに中華街ではそんなに行列してないいんだよ。穴場だったね。（中略）この映画館には、ひとつ大きな特徴があった。中で売ってるお菓子がさっぱり売れないいんだ。なぜかっていうと、みんな自分でかぼちゃの種を持ってきて、それをぼりぼり食べながら見てるからなんだよ。閉館するまで、よく見に行ったもんだね。

（「舫斗雲」一九九三年冬号）

映画「羅生門」（監督：黒澤明、出演：三船敏郎、京マチ子）が公開されたのは一九五〇年であった。「街の人からみんな株を集めて」というのは、第六章で具体的に説明する無尽《むじん》あるいは頼母子講《たのもしこう》と呼ばれる華僑社会でよくみられた伝統的な資金集めの方法を指している。日本の金融機関から資金を借りるのが困難であった時期、華僑の親しい仲間などがグループを組織して資金を集める伝統的な資金調達の方法であった（ところがバブル経済期になると、日本の銀行は、競い合うように中華街の華僑に資金提供を申し出、店舗の改築、拡大を促すようになった）。

映画館で、かぼちゃの種を食べながら映画を見るという習慣は、一九七八〜八〇年、私が留学生活を過ごしていたシンガポールの華人社会でも同様にみられた。当時シンガポール政府は、街を清潔にしようとゴミを捨てたら罰金を科すという「クリーン作戦」を実施していたが、映画館の床には捨てられたかぼちゃの種が散乱していた。

「新光映画劇場」は一九四六年に開館したが、一九六〇年代前半に閉館後、先ほども述べたように「同發新館」として運営されるようになった。この元映画館の建物で、「横浜中華街映画祭」が二〇一二年から開催されるようになった。毎年九月下旬から一〇月上旬に中国・香港・台湾映画が上映されている。

第一回では、「さらば、わが愛　覇王別姫（原題：覇王別姫）」（監督：陳凱歌《チエンカイコー》）や「サンザシの樹の下で（原題：山楂樹之恋）」（張芸謀《チャンイーモウ》監督）など中国や台湾、香港の作品計八本が上映された。

横浜中華街映画祭を企画した横浜市中区若葉町三丁目のミニシアター「シネマ・ジャック＆ベティ」支配人の梶原俊幸は、同發新館の建物がもと映画館であったことから「中華街に映画館を復活させたい」と思い、企画したそうである。第一回の横浜中華街映画祭は、同發新館の大広間に八〇席ほどの椅子を用意し、スクリーンや映写機などの機材を持ち込んだ。計七日間上映したが、梶原さんの予想を超える一〇〇〇人の来場者があった（『カナロコ』〔神奈川新聞〕二〇一三年九月三〇日）。会場は、もともと映画館だっただけあって天井は高く、シャンデリアの照明があり、ホールのように広々とした空間である（図4−9）。

一番直近に開催された二〇一九年の第八回の映画祭は、九月二一日から一〇月一〇日までの間の八日間、中国・香港・台湾の名作が上映された。その期間中、毎年、一〇月一日は国慶節、一〇月一〇日は双十節である。また、この映画祭では「同發別館」食事付きの鑑賞券があったり、京劇の上演や中国服・チャイナドレスについて語るイベントがあったり、映画を見に来た人と中華街という地域を結びつける工夫がさまざまになされている。

図4-9　横浜中華街映画祭（2012年）
提供：シネマ・ジャック＆ベティ

残念なことに、二〇二〇年はコロナウイルス感染拡大のため開催が見送られた。二〇二一年は、この映画祭とは別に、横浜中華街発展会が主催し、三月二六日から、横浜中華街映画祭がオンラインで開催された。発展会によれば、「人々に愛される街でありつづけたい」という想いに賛同した五名の監督（加藤秀仁、京極ヒロキ、宮尾昇陽、ホンマカズキ、横田光亮）がそれぞれ、横浜中華街を舞台に製作したオリジナルの短編映画が公開された。時代の変化に柔軟に対応していこうとする横浜中華街発展会の新しい試みである。

II

変わり続ける街——対立・観光・新華僑

第五章
華僑社会の分裂——二つの中国の狭間で

1　政治的対立の最前線

祖国建設のための「帰国」

一九四九年一〇月一日、毛沢東（一八九三～一九七六年）が北京の天安門で中華人民共和国の成立を宣言した。その記念日の一〇月一日は、中国では国慶節として祝われ、横浜中華街でも盛大なパレードなどが催されている。

中華人民共和国が成立すると、中国政府は、世界各地の中国人留学生や華僑に、中国へ帰国して祖国建設へ参加するよう呼び掛けた。留学生・華僑帰国促進政策である。戦後日本に留まっていた元中国人留学生や華僑の中にも、中国政府の呼びかけに応じて帰国した者も少なくなかった。

周恩来総理の日本語通訳であった林麗韞《リンリーユン》、黄世明《ホアンシミン》など、建国初期の対日外交分野で活躍した日本語通訳の多くがそんな留日華僑出身であった（王雪萍、二〇一〇・二〇一四年）。林麗韞は一九三三年に台湾で生まれ、神戸に移り住んだ後、中華同文学校で学び、一九五二年に中国に「帰国」した。彼女は、中華人民共和国の初代首相、周恩来（一八九八〜一九七六年）の日本語通訳を、一九五四年から周が亡くなる一九七六年まで務めた（百度百科「林麗韞」）。

横浜中華街在住の華僑の中にも、中国政府の呼びかけに応じて帰国する者が増加した。当時、横浜中華街在住の華僑青年は、祖国建設のために中国に帰るべきか、あるいはこのまま日本に留まるかで、大いに悩んだという。

一九五八年までに、計三八四〇人の在日華僑が中国へ「帰国」した。横浜中華学校の関係では、「帰国教師」五八人、「帰国校友（卒業生）」九九人の氏名が確認されている（『横浜山手中華学校百年校誌』編輯委員会編、二〇〇五年、二七三頁）。

私は、マレーシアやシンガポールなどの華僑社会も調査しているが、当地の華僑の中にも、中国へ「帰国」した者が少なくなかった。特に現地の中華学校の教師の中には、中国共産党の思想に賛同する者がいて、彼らの教え子にもその影響を受けて新中国建設のために中国に「帰国」した者が少なくなかった。しかし、このような海外からの帰国華僑は、祖国発展のために貢献しようと帰国したにもかかわらず、一九六〇年代半ばから始まった文化大革命では、「海外関係」（外国のスパイ）として差別、虐待を受けた者が多かった。「帰国した友人のことを思うと、自分はあの時帰国しなくて本当によかった」という声を、私自身、マレーシアやシンガポールの華僑から幾度も聞いた。

中華学校の分裂――学校事件

一九二三（大正一二）年九月の関東大震災で、当時あった中華学校の、「横浜大同学校」、「華僑学校」、「中華学校」三校すべてが全壊した。震災後、これら三校を統合して、山下埠頭と本牧埠頭に囲まれた新山下に「広東小学校」が設立された。一九二四（大正一三）年には、南京町の関帝廟の地に戻り、校名は「中華公立学堂」となった。その後、一九二六年に「横浜中華公立学校」に改称したが、一九四五（昭和二〇）年五月、今度はアメリカ軍の横浜大空襲により、その校舎も廃墟と化した。

終戦後、一九四六年に新校舎が完成し、校名を「横浜中華小学校」に改称し、標準中国語による授業が始まった。一九四七年には、幼稚園と中学部を開設し、「横浜中華学校」に改称した（『横浜山手中華学校百年校誌』編輯委員会編、二〇〇五年、四二～一一五頁）。

しかし第二次世界大戦後、中国の政治的対立は、横浜在留の華僑の子弟教育にも大きな影響を与えた。一九五二年、「横浜中華学校」は、台湾（国民党）支持派（いわゆる「台湾派」）と中国大陸（共産党）支持派（いわゆる「大陸派」）の対立、衝突により、二つに分裂した。いわゆる「学校事件」（横浜中華学校占拠事件）である。

中華街の福建路で、小学生たちに放課後、日本語や勉強の指導をする塾「寺子屋」を主宰する符順和《ふじゆんわ》は、横浜山手中華学校を卒業後、同校の教員を長く務め、二〇〇四年に退職した。彼女は、小学校二年生の時に学校事件を体験しており、当時の状況を私に語った。まとめると次のようになる。

一九四九年に成立した中華人民共和国を支持する教師の追い出しを図った台湾側が、台湾から校長と教員を派遣し、一九五二年八月、横浜中華学校（現在の関帝廟に隣接）を占拠した。九月一日の始業式に登校してきた生徒と教師は、台湾側から排除され、警察に逮捕される者が出る騒ぎとなった。その後、排除された生徒と教師は、父母が提供した一四カ所の家に分かれての分散教育が始まった。符も、その分散教育を経験し、翌一九五三年、山手町に建設された山手校舎（一九五七年に横浜山手中華学校に改名）に通った（山下清海、二〇一六年、二七〜三〇頁）。

学校事件が発生した際に校長を務めていたのが烏勒吉《ウルジ》（一九二二〜二〇〇八年）であった。現在の遼寧省葫蘆島《ころとう》出身（内蒙古自治区赤峰市出身とも言われている）の烏勒吉は、盛岡高等農林専門学校（現・岩手大学）を一九四七年に卒業した。一九五〇年から横浜中華学校で教師となり、一九五一年、同校の校長に就任した。烏勒吉が学校事件について語ったことは、まとめると次のようになる。

一九五二年八月一日は夏休み最初の日で、台湾の大使館側と通じた留学生たちと台湾政府の関係者が大挙押し寄せ、中華学校を占拠してしまった。新年度の初日である九月一日、占拠者らは生徒たちを校内に入れだしたが、教師たちが校舎内に入ることを拒んだ。当日の昼頃、横浜港に停泊していた中華民国の軍艦「太平号」の海軍将兵約五〇人がバス二台で学校前に乗り付けた。しかし将兵らは、校内への立ち入りを拒むと、帰っていった。その後、加賀町警察署の署員や機動隊員ら約二〇〇人が出動し、校舎内に入っていた教師を不法侵入で逮捕し、加賀町署へ連行した。逮捕者全員は、約一二時間後に釈放された。

小学部六学年三クラス、中学部三学年三クラス、合計約八六〇名いた生徒たちのうち、約六六〇名が学校を出て、追い出された教師たちとともに、二〇軒ほどの周囲の家々にクラスを分散する、いわゆる寺子屋教育時代が始まった。約八〇名の生徒が残った横浜中華学校は「横浜中華学院」と名を改め、それ以外の約一一〇名の生徒は日本の学校へ移っていった（村上令一、一九九七年、七四～七六頁／読売新聞社横浜支局編、一九九八年、二〇八～二一一頁）。

このように、大陸支持派の子弟は、校外の大陸支持派の家庭や店舗に行き、寺子屋方式の授業を受けるようになった。その後大陸支持派は、一九五三年、中区山手町に木造校舎の「横浜中華学校臨時校舎」を建て、そして一九五七年に「横浜山手中華学校」を設立した（図5－1上）。この一連の対立により、中華学校も華僑総会も、いわゆる大陸派と台湾派に二分された。大陸派は、一九六〇年、「横浜華僑聯誼《れんぎ》会」を組織し、のちに「横浜華僑総会」に改称した。このため、横浜中華街には「横浜華僑総会」という同名の団体が二つ存在することになった。

横浜山手中華学校のウェブサイトに掲載された同校の歴史によれば、以下のように記されている。なお、文中の「人災」という表現は、従来のような両者の対立から協調に向けて、大陸派が配慮した表現となっている。なお、学校の新年度は、中国同様、九月始まりである。

一九五二年九月　人災により学校は分裂に追い込まれ、暫時多数の僑胞《きょうほう》の家に分散して授業を行う。

一九五三年九月　山手町に臨時校舎建設。校名を「横浜中華学校山手臨時校舎」とし、六〇〇名余りの生徒がここに移転して授業を続けた。

一九五七年三月　山手町の臨時校舎を「横浜山手中華学校」と改名。

二〇〇八年には中国の胡錦濤《こきんとう》国家主席（二〇〇三～一二年在任）が劉永清《りゅうえいせい》夫人とともに、同校を訪問。二〇一〇年には、ＪＲ石川町駅に近い横浜市中区吉浜町に建てられた新校舎に移転した。同所には幼稚部（現・熊猫〔パンダ〕幼稚園）、小学部、中学部が設置されている。

一方、台湾派の教師、児童生徒が残留した横浜中華学院には、幼稚部、小学部、中学部、高中部（高校）が設けられ、授業は標準中国語（台湾では「国語」と呼ぶ）および日本語で行われ、英語教育にも力を入れていた（図５－１下）。ただし同校は、日本の制度上、各種学校扱いで、このため高中部（高校）を卒業しても、大学を受験する資格は与えられていない（一部の私立大学に限って、入学資格を認めている）。

大陸と台湾の政治的対立の影響を避けるために、子弟を中華学校ではなく日本の学校へ通わせる華僑も少なくなかった。また比較的裕福な華僑の中には、学費の高い、中区山手町にあったセント・ジョセフ・カレッジ（二〇〇〇年閉校）などインターナショナルスクールで子どもに英語教育を受けさせる例もあった。

図5-1　横浜山手中華学校（2010年）（上）と横浜中華学院（1992年）（下）

2　大陸支持か、台湾支持か

台湾派華僑総会への襲撃事件

一九五二年の学校事件の後も、両派の対立は厳しい状況が続いた。

一九七二年九月二九日、北京において田中角栄首相と周恩来首相が、日中両国は恒久的な平和友好関係を確立するという共同声明に署名し、日中国交正常化が行われた。当時、北京の日本側取材陣から伝えられる報道に日本中が注目し、やや興奮気味であったと私は記憶している。その当日の深夜、次のような事件が起こった。『読売新聞』一九七二年九月三〇日夕刊「台湾系華商へなぐり込み　二人ケガ」は、次のように報じている。

一九七二年九月三〇日午前零時五五分ごろ、横浜中華学校の正門から若い男約三〇人が無断で構内に侵入した。同敷地内にある中華民国留日横浜華僑総会事務所内にいた警備員ら五人が表に出て注意すると口論になり、事務員は男に顔などを殴られ、一週間のけがをした。連絡を受けた横浜華僑総会副会長の王慶仁が車でかけつけ、裏門前で車を降りたところ、若い男約十人に囲まれ口論となったうえ、男の一人がもっていた角材のようなもので、首、腹を殴られ、右顎を骨折などの重傷を負った。

王慶仁《おうけいじん》（一九二〇年生まれ）は黒龍江省出身で、新潟県高田師範学校を卒業後、中国に戻った。戦後、中国の内戦の混乱時、台湾に渡り、公務員となった。そして一九五二年八月一日、在日台湾代表団から依頼され、横浜中華学校（現・横浜中華学院）校長として赴任した。王慶仁は、この襲撃事件について、次のように語っている。

新聞とかでは角材で殴られたことになっているけど、本当は刀で切り付けられた、ここをね（顎の右側を指し示す）。（中略）誰が切り付けたのかはわかってたけど、警察で聞かれた時は夜中で暗かったからよくわからないって言った。将来のある若者なんだから、黙っていたよ。

（村上令一、一九九七年、七六〜七九頁）

この事件で、神奈川県警は三人の華僑を逮捕した。このことに対し、一〇月一二日、社会党の中嶋英夫代議士、東京華僑総会副会長、横浜華僑聯誼会会長らが二階堂進官房長官を訪問し、「逮捕された三人のうち二人は無関係で不当逮捕だ」と抗議した（「逮捕の二人は無関係　横浜中華学院集団暴行事件で抗議」『毎日新聞』一九七二年一〇月一三日）。横浜で起こった事件ではあったが、当時、大陸派と近い関係にあった社会党の代議士が、華僑団体代表者とともに、田中角栄内閣の官房長官に直接面会して逮捕に抗議する機会が与えられたのだ。このことからも、当時、日本政府が中国との関係を重視していたことがうかがえる。

困難なフィールドワーク

一九七六、七七年ごろ、すでに何度か述べたように、私は横浜中華街をテーマに修士論文のための調査を行っていた。地理学の研究では、何よりもフィールドワーク（野外調査）が重要である。とくに、文献や統計だけでなく、横浜中華街で生活している人たちから、生《なま》の話を聞き取ることが欠かせない。

しかし、この聞き取り調査にはほとほと苦労した。商売で忙しい中国料理店や雑貨店などの経営者に、大学院生の研究につきあってくれる余裕はなかった。「もし、あなたが大学院生でなく、新聞や週刊誌の記者なら、店の宣伝にもなるから協力するけど……。私があなたに協力して、うちの店に何かプラスある?」と断られたこともある。

さらに、私が横浜中華街の調査でもっとも気を使わねばならなかったことは、華僑社会の政治的対立であった。

「おたく、大陸派、それとも台湾派?」
「どちらでもありません」
「それなら、公安のスパイ?」

これは、私が聞き取り調査の際に華僑から言われたことばである。中華人民共和国支持者か、台湾支持者か、どちらでもない場合は日本の警察のスパイか、という意味である。

横浜中華街の中には、華僑が組織した広東要明鶴同郷会《カントンようめいかく》(高要・高明・鶴山地方出身の広東人の同郷団体)(図5-2)、広東会館、福建同郷会、台湾同郷会などの同郷会館がある。ある日、その一つの会館の写真を撮っていたら、「おたく、警察の方？」と華僑に話しかけられた。こういう建物の写真を撮る観光客はめったにいないからである。

「いいえ、私は日本人で、中華街のことを研究している大学院生です」と答えた。すると、「中華街のことを詳しく知りたかったら、あそこに行くのがいちばんいいよ。あそこの人は、たくさん情報を集めているから、何でも知ってるよ」と皮肉っぽい答えが返ってきた。その指さす方向には、加賀町警察署があった。「加賀町警察署の外事担当者は、大陸派も台湾派も華僑に関する情報をたくさん収集しているから」という意味であった。

図5-2　広東要明鶴同郷会（2005年）　同郷会館はマージャンなどを楽しむ集会の場でもあった

国慶節と双十節――五星紅旗と青天白日旗

後述する一九九〇年の関帝廟の再建に向けて、大陸派と台湾派の協力が見られるようになるまで、両派の対立状況は厳しかった。一般の日本人には、その対立は見えにくいものであった。しかし両者の対立は、毎年、一〇月になると鮮明になった。

まず、一〇月一日の「国慶節」である。この日は、毛沢東が北京の天安門で、中華人民共和国の成立を宣言した日である。そして、その後すぐに一〇月一〇日がやってくる。数字の「十」が二つ並ぶこの日は「双十節」と呼ばれる。一九一一年一〇月一〇日、清朝が倒れる辛亥革命の発端である武昌蜂起が成功した記念日である（そしてその翌年一九一二年一月に中華民国が成立したのだ）。

中華街では、一〇月一日の国慶節には中華人民共和国の国旗「五星紅旗《ごせいこうき》」が、そして双十節に

図5-3　国慶節の中華街大通り（1977年10月1日）
五星紅旗を掲げる店舗がところどころに見られた

図5-4　双十節の横浜華僑総会（台湾派）（1976年10月10日）　ここは横浜中華学院の運動場に隣接する

は中華民国の国旗「青天白日旗《せいてんはくじつき》」が、それぞれの政治的立場を発信するかのように、中国料理店、商店、団体などに掲揚される。そして爆竹が鳴り響き、龍舞や獅子舞が横浜中華街の通りを練り歩き、盛大なパレードが行われる（図5－5、図5－6、口絵写真参照）。

国慶節の慶祝パレードでは、横浜中華学校の生徒たちが中心的な役割を果たしてきた。一方、双十節の祝賀パレードは、横浜中華学院の生徒たちに加えて、台湾の歌舞団やオープンカーに乗った美女、さらには東京の私立大学のブラスバンドの応援なども加わり、国民党の政治力を鼓舞するかのようなものであった。

一〇月一〇日は東京オリンピックの開会式が行われたことを記念して、日本では「体育の日」の祝日でもあった。行楽の秋のこの祝日は、ふだんの日曜祝祭日以上の人出で、中華街は大賑わいになる。しかし多くの日本人観光客は、単に中華街のお祭りに出くわしたことを幸運に思うだけであり、華僑にとってその日がいかなる意味をもつかを知らない者も少なくなかった。一九七七年の調査時、双十節の祝賀パレードを観察していた私の横で、日本人の家族連れの会話が聞こえてきた。

「今日はよかったね。中華街でちょうどお祭りやっていて」。全員の手には主催者側から配られた青天白日旗があった。しかし、その旗が何の旗なのかはまったく知らないようだった。

一九七七年一〇月の国慶節および双十節の両日、私は横浜中華街で調査を行った。その際、国慶節を祝う五星紅旗および双十節を祝う青天白日旗を掲げた店舗、団体、民家などを地図に記録した。それは、それぞれの店舗が、中国、台湾のどちらを支持しているかを示すものでもある。非常にセンシティブな問題でもあるので、これまで論文等で結果を公表することは控えてきた。

ここでも、その地図を掲載することは控え、数字だけを示すことにする。一九七七年、国慶節当日、五星紅旗を掲げた店舗、団体、住宅などは三八カ所であったのに対し、双十節当日、青天白日旗を掲げたのは三六カ所であり、ほぼ同数であった。当時、規模の大きな中国料理店は台湾

図5–5　国慶節、善隣門前での獅子舞（1977年10月1日）

図5–6　双十節の祝賀パレード（中華街大通り）（1997年10月10日）　写真は左から孫文、蔣介石、李登輝

支持が多いと言われていたが、そのような中国料理店が多数並ぶ中華街大通りだけで見ると、中華人民共和国の五星紅旗を掲げた店舗が一四軒に対し、台湾の青天白日旗は九軒であった。

華僑が経営する中国料理店であっても、いずれの旗も掲げていない店舗も見られた。両派の政治的な対立に巻き込まれたくないという配慮であろう。それだけ当時は、政治的対立が非常にセンシティブな問題（中国語では「敏感的問題《ミンガンダウエンティ》」と表現する）であった。

対立から協調の時代に変わった現在では、以前、青天白日旗しか掲げなかった中国料理店でも、国慶節には五星紅旗、双十節には青天白日旗と、両方を掲げる例が多く見られるようになってきている。

日本化が進む生活様式

中華街の華僑の生活様式をみると、一世から二世、そして三世が家庭の中心的存在になるのにともない、伝統的な中国の様式が、しだいに日本の生活様式に変化してきた。ここでは、その変化を衣食住の側面から見ていくことにする。

中国の伝統的な服を着た人びとの姿は、今日では、結婚式や開店祝いなどのハレの日に、旗袍《チーパオ》（いわゆるチャイナドレス）を着用した女性をみかける程度である。しかし、高齢の華僑からの聞き取りによれば、もともと第二次世界大戦前から、男性より女性、特に高齢の女性のほうが、中国の伝統的な服を着用していたという。

一九七六、七七年当時、私が横浜中華街を調査していると、茶色っぽい中国服を着た高齢女性をしばしば見かけた。特に横浜中華学院の運動会、そして終了後に開催される双十節の式典では、普段あまり外で見かけることの少ない高齢女性の中国式ズボン（褲子《クーズ》）をはいた姿が印象深かった（図5－7）。

衣食住の基本的生活習慣の中で、もっとも伝統的様式を留めているのは、食生活においてである。一九六七年に横浜中華学院の卒業生一四六人（男子五九人、女子八七人、うち山下町居住者一〇四人、平均年齢二〇・五歳）を対象に実施された「華僑青年実態調査」をみてみよう。

家庭の中で「中国食が多い」と答えた者が七六・二パーセントであったのに対し、「日本食が多い」と答えた者は一三・九パーセントに過ぎなかった。これは、華僑の家庭では、大皿に盛られた料理を家族みんなで食べる習慣があり、食事の伝統様式が継承されやすいためである。ある華僑の妻は日本人であるが、「主人は必ず中国料理を要求します。そして、冷めたものはダメなんです」と私

図5–7　爆竹の音に耳をふさぐ中国服姿の華僑老婦人　横浜中華学院運動場で開催された双十節の式典で（1977年10月10日）

に話した。

一九七六年、横浜中華街の調査をしている際に、華僑の若者から聞いた話を紹介しよう。

「私は華僑であるけれども、中国語はまったく話せず、日本人とまったく同様の生活をしていると思っていました。ある時、日本人の友人の家に遊びに行って、食事をごちそうになりました。その時初めて、我が家の食事が中国式であることに気づいたのです」。彼女の家では、家族全員が直箸《じかばし》で大皿の料理を取って食べていたが、どこの家庭でも同様だと思い込んでいたという。

図5-8 職住同一の華僑の店舗兼住宅(1976年) 1階が店舗(中国民芸品店)、2階に居住

最後は住居である。前述したように、関東大震災および第二次世界大戦の戦災は、中華街に壊滅的な被害を与え、伝統的な建築様式の「日本化」を早めた。関東大震災前の南京町の住居は、レンガ造りが主体であったが、震災後、多くが木造に変わった。また華僑の住宅では、畳の部屋がないのが一般的であったが、しだいに畳のある部屋が見られるようになった。この変化が起こったのは、戦災後、日本人が建てた畳の部屋のある家に住む華僑が増加してからである。しかし

日本人とは異なり、華僑は、畳のある部屋で、テーブルと椅子を用いた生活をしていた。私が話を聞いた華僑は、畳のある部屋を掘り炬燵《ほごたつ》式に改造して、正座しないで済むよう工夫していた。寝る時には、畳の上に布団を敷くのには抵抗があり、ベッドで寝る習慣であった。ちなみに日本統治が五〇年に及んだ台湾では、畳（台湾で「榻榻米」（タタミの発音に近い）と書く）の部屋（和室）を設けたマンションは人気がある。

後述するが、一九七〇年代の中国ブーム、一九八〇年代のバブル経済の振興などに伴い、中華街への来街者は増加する。それまでは、一階が店舗、二階が家族の住居という職住兼用のスタイルが多かった（図5－8）。しかし、しだいに店舗の新改築が急速に進んでいくと、中華街の外に住宅を求め、そこから中華街の店舗に通ってくる職住分離が一般的になっていった。この過程で、華僑の伝統的居住様式もしだいに失われていった。

第六章
人気観光地への急成長——中国ブーム・中華街ブーム・バブル経済

1　日中国交正常化と中国ブーム

脚光を浴びるモトマチ

一九六〇年代に入り、日本は高度経済成長の時代を迎えた。一九六四年一〇月には、東京オリンピックが開催されたが、同年、国鉄（現在のＪＲ）根岸線の桜木町・磯子間が開通し、「石川町駅」が新設され、駅から中華街までは徒歩五分程度で行けるようになった。

二〇〇四年に横浜高速鉄道みなとみらい線「元町・中華街駅」が開業するまで、横浜中華街の玄関口の役割を果たしたのが石川町駅であった。一九七〇年には、石川町駅から中華街に向かうところに善隣門に次ぐ二番目の牌楼「西門」（現・延平門）ができた（その後、東門、南門が建設され、牌楼に囲まれた横浜中華街はより面的に認知されるようになった）。

東京方面から電車が石川町駅に到着すると、電車の進行方向で、ホームの後方の出口（桜木町駅側）に進むと横浜中華街へ、逆に先頭側（山手駅側）の出口に進むと元町商店街である。元町商店街は、山下居留地と山手居留地の間で、欧米人相手の商店が並ぶハイカラな商店街として発達していった。この形成過程は、港に近い外国人居留地と異人館が多い山手の丘陵地を結ぶ神戸のトアロードとよく似ている。

図6-1　元町商店街の入り口（1976年）（上）と元町商店街（2014年）（下）

元町商店街は、一九七〇年代半ば頃から全国的に大きな注目をあびるようになった。当時、女子大生やOLの間で、特に神戸で流行していたファッションスタイル「ニュートラ」（ニュー・トラディショナル）に対抗して、元町商店街では「ハマトラ」（横浜トラディショナル）というスタイルが生まれた。元町商店街に本店を構える有名ブランドの商品、すなわち「フクゾーのトレーナー」、「キタムラのバッグ」、「ミハマの靴」が、「三種の神器」と呼ばれた。

元町商店街は当時、日本の流行の最先端を走っており、テレビでも頻繁に紹介された。ハイカラなブティック、カバン店、カフェ、レストランなどが立ち並ぶ元町商店街は「モトマチ」と表記されるようになり、週末になると東京から訪れる買物・観光客でにぎわっていた。この元町商店街の隣に横浜中華街は位置しており、元町商店街を訪れた客の一部は食事時になると、横浜中華街へ流れた。

日中国交正常化

元町商店街が「モトマチ」として、一九七〇年代半ば頃から全国的に脚光をあびる以前、中華街はどのような状況であったのだろうか。一九六九年当時の中華街の状況を、『朝日新聞』は「情緒たっぷり　ハマの中華街」と題して、次のように伝えている。

中華街は約十万平方メートル。ここに華僑約二千九百人、七百五十世帯がひしめき、中華料理店約八十を筆頭に洋服、貿易、海産物、雑貨、喫茶店、まんじゅう屋、みやげ店など異国情緒を盛りあげ、日本人とのトラブルも全くない、とは何よりのこと。

（『朝日新聞』〔東京版〕一九六九年一月三一日）

今日のように、「店舗は中華街にあっても、経営者家族が住む住宅は中華街の外にある」という職住分離が進む前の様子が描かれている。「日本人とのトラブルも全くない」とは、華僑と日本人との友好的な絆が結ばれてきたことを物語っている。中華街在住の華僑、日本人の多くも、両者の関係を同様に語っている。

十万平方メートルとは、一辺の長さが約三一五メートルの正方形の広さに相当する。後述するが、今日の中華街は、東西が約五〇〇メートル、南北が約三五〇メートルの範囲であるから、一九六九年当時の中華街の広さは、今日の六割弱くらいと認識されていたようである。

一九七二年九月二九日、北京を訪問していた田中角栄首相と中華人民共和国の周恩来首相は、日中共同声明を発表し、日本と中華人民共和国は国交を結んだ。一九四九年一〇月一日に成立した中華人民共和国と日本にはもともと国交がなかったため、「国交回復」ではなく、正式には「国交正常化」と称される。

当時、与党の自民党の中には、台湾支持派が多かった。田中角栄は、世論の支持を背景に、親台湾派の福田赳夫《たけお》を破って、一九七二年七月に首相に就任すると、その勢いで北京を訪問。毛沢東主席や周恩来首相と会談し、日中国交正常化が実現した。

この時、田中角栄と周恩来が宴席で乾杯して、日本で大きく注目されたのが茅台酒《マオタイ》である。茅台酒は、国賓をもてなす時に用いられる酒で、「国酒」とも呼ばれる。この酒は、貴州省仁懐市《じんかい》茅台鎮特産の蒸留酒（アルコール度数は五三度前後）で、主な原料は小麦とコーリャンである。

中国の酒といえば紹興酒と思い込んでいた多くの日本人は、突然、茅台酒を知ることになった。私が初めて中国を訪れたのは一九七八年夏であったが、香港を出て広州のホテルにチェックインするなり、多くの日本人が茅台酒を求めてホテルの売店に向かった。しかし販売数量が限定されていたために、購入できた者は少数であった。

茅台酒をはじめ、これまで未知であった、台湾とは異なる中国大陸の食文化への日本人の関心も高まっていった。その受け皿となったのが横浜中華街であった。一九七二年の日中国交正常化により、日本では全国的な中国ブームが起こり、それまでの横浜中華街の怪しげな歓楽街的イメージは、中国料理店を中心とする観光地のイメージへと変化していった。

もう一つ注目されたのは、パンダである。

日中国交正常化の記念事業の一環として、一九七二年一〇月二八日、中国から上野動物園にパンダ（カンカンとランラン）が贈られ、同年一一月五日から一般公開された。愛くるしいパンダの姿に、全国的なパンダブームが巻き起こった。

横浜中華街の来街者が増えるにつれ、パンダのぬいぐるみや人形をはじめ、中国のおもちゃや民芸品を販売する中国みやげ店が急増した。私の知り合いの中国人は、「何で日本人は、こんな幼稚なおもちゃや人形を買うんだ」と不思議がっていた。当時の日本人は、日本では見られなくなった幼稚なおもちゃに、なつかしさや純朴さを感じていたようであった。

台湾籍の帰化者増加

日本人の中には、台湾出身者が台湾を支持し、中国大陸出身者が中華人民共和国を支持していると短絡的に考えている者も少なくない。しかし、そうではない。そもそも、横浜中華街の華僑の出身地は、前述してきたように中国大陸の広東が圧倒的に多く、台湾出身者は少数派であった。また中国共産党と国民党の内戦で、中国各地からいったん台湾に逃れた後に来日したという、台湾にいた期間の短い台湾籍の「台湾人」も少なくなかった。つまり広東出身だからといって中華人民共和国を支持し、台湾出身者だからといって台湾を支持する、というわけではなかったのだ。

一九七〇年代の中華街では、老舗の中国料理店や商店の中には台湾を支持し、比較的規模の小さい店舗の場合、大陸を支持する傾向があった。当時、ある台湾支持者は、「貧しい華僑ほど、社会主義の大陸を支持する者が多い」と話していた。

一九七二年九月の日中国交正常化で、日本政府が「大陸を選んだ」ことで、台湾を支持してきた華僑は大きなショックを受けた。「日本から台湾の大使館がなくなれば、中華人民共和国の大使館に行かなければならないのか」と戸惑う華僑も少なくなかった。そこで、この際、日本に帰化しようという華僑が急増した。

中華民国籍であった日本在留の華僑は、日本に帰化して日本国籍を取得するか、あるいは中華人民共和国籍として登録するかの選択を迫られた。日本は基本的に二重国籍状態を認めていないため、中華民国籍の華僑が日本に帰化する場合、中華民国籍を離脱する必要がある。

在留外国人統計によれば、一九七一年末に五万二三三三人であった日本在留中国人は、一九七二年末には四万八〇八九人、一九七三年末には四万六六四二人に急減した。これは、台湾支持の華僑が日本に多数帰化したことを反映している。

横浜には、「在横浜中華民国総領事館」が中華街に近い日本大通りにあった。しかし、一九七二年、日本が中華民国（台湾）と断交後、その総領事館は「台北駐日経済文化代表処横浜分処」となった。

中華人民共和国と中華民国、どちらでもない道を選んだ人もいた。関帝廟通りにある「華都《かと》飯店」の創業者である陳福坡《ちんふくは》は、一九二三（大正一二）年、中国の黒龍江省牡丹江《ぼたんこう》市で、農村の地主の家系に生まれた。国共内戦で故郷を追われ、一九四六年に来日し、一九五六年、明治大学に入学した。「日本では亡命のような生活でたいへんだった」という。その後、台湾の内務省に勤務し、一九六一年に再来日。東京大学大学院で国際政治学を学んだ後、六九年に横浜中華街で中国料理店「華都飯店」を開業した（村上令一、一九九七年、二一〇～二一二頁／「横浜中華街を築き上げた「老華僑」の一人、九八歳・陳さん」『カナロコ』二〇二〇年八月三日）。

一九七二年の日中国交回復時に、陳福坡は様々な葛藤の末、中華人民共和国、中華民国のどちらでもない「無国籍」を選んだ。

陳福坡の娘、陳天璽《ちんてんじ》は、成人してから間もない頃、両親と出かけたフィリピンから日本への帰国時、急遽台湾に寄ることになった。外国生まれで台湾に戸籍がない者が台湾に入る時にはビザが必要であった。無国籍でも台湾に戸籍がある両親はビザなしで台湾に入れたが、陳天璽だけは台湾に入ることを拒否され、羽田空港に向かわざるを得なかった。この苦い経験については彼女の自伝『無国籍』に詳しい(陳天璽、二〇〇五年)。その後、陳天璽は日本に帰化し、現在は早稲田大学国際教養学部の教授を務めている。

中国ブームの到来——変わる市場通り

前述の通り、一九七二年、日中国交正常化により「中国ブーム」が沸き起こった。しかし中国は一九六六年に始まった文化大革命（一九七六年まで続く）の真っただ中にあり、『朝日新聞』以外の日本の中国駐在特派員は中国から退去させられ、その情報は少なかった。そんな「竹のカーテン」の向こう側の中国の真の姿を知りたくて、中国関係の報道に強い関心を抱いていた日本人も多く、たとえば東京外国語大学、大阪外国語大学をはじめ、各大学の中国語科などの受験者数も日中国交正常化で急増し、高い倍率となった。

この中国ブームで注目されるようになったのが、横浜中華街である。多くの日本人にとって、横浜中華街は、「中国にもっとも近い街」であった。

外国メディアの取材が大きく制限されていた一九七九年から一九八〇年にかけ、ＮＨＫと中国中央電視台とが中国領内のシルクロードを共同取材して、全一二回シリーズ「日中共同制作　シ

図6-2　市場通り（上）と中国食器店の店頭（下）（1988年）　当時は青果店（上の写真の右端）も見られたが、現在は中国料理店が林立する

ルクロード絲綢之路」（語り：石坂浩二、音楽：喜多郎）が制作され、一九八〇年四月から毎月一回、一年間放映された。この番組の視聴率は毎回二〇パーセント前後を記録し、日本国内で非常に大きな反響を呼び、シルクロード・ブームが起こった。

　一九八四年夏、私は中国の甘粛省《かんしゅく》を訪れた。シルクロード・ブームもピークを少し過ぎていたが、石窟《せっくつ》の壁画で有名な仏教遺跡、莫高窟《ばっこうくつ》がある敦煌《とんこう》から、河西回廊《かせいかいろう》の要衝、酒泉《しゅせん》までの砂漠地帯を車で移動している際に、日本人観光客が乗った大型バスと何回もすれ違ったことを覚えている。

　こんな中国ブームから影響を受けたひとつが、「市場通り」である。

　横浜中華街にある市場通りは、現在、中国料理店が立ち並ぶ活気のある通りである。しかし、筆者が横浜中華街の調査を始めた一九七〇年代半ばころ、市場通りは、その名前どおり、中華街の「市場」の役目を果たしていた。それが、中国ブームの影響で中国料理店が増加するとともに、「市場」らしさが消えていったのである。

市場通りという名称の由来は、関東大震災以前、中国料理店や周辺住民を相手に精肉店、鮮魚店、青果店、えび専門店、豆腐専門店、もやし専門店、卵専門店、乾物店等が出店しはじめ、当時は午前中だけの朝市であったため「朝市通り」と呼ばれていた。

図6-3　生活感あふれる市場通り（1956年）
広瀬始親氏撮影。所蔵：横浜開港資料館

市場通りにはいったいどんな店があったのか。池川商店は、一九二七（昭和二）年創業で、香菜など中国野菜も販売していた。小細い路地を入ったところには、小島食器店があった。一九二三（大正一二）年に日本人が創業し、中華鍋、中華せいろ、中華包丁などを販売する横浜中華街ならではの中華調理器具・調理食器専門店として知られていた（横浜中華街発展会協同組合監修、二〇〇五年）。

一九七七年当時、修士論文作成

のために市場通りを何度も歩いている時に、気になる看板の店があった。「中国名曲専門店」である。看板には、さらに「唱片」（レコード）、「盒式帯」（カセットテープ）などと中国語の繁体字（旧字体）で書かれていた。市場通りなのに、中国的な店がある、経営者はどんな人なのだろうという興味がわいてきた。

　店の中を見ると、いつも、中年の店主の姿があった。思い切って、店に入って聞き取りをした。私は華僑だと思い込んでいたが、実は日本人であった。頻繁に香港や台湾に行って、スーツケースいっぱいに中国語の音楽テープを買ってくるとのこと。当時は、インターネット販売のようなものもなく、通常のレコード店にはない音楽テープを取り扱う店には常連客がいたという。このようにかつての市場通りには、様々な店がある、まさに「市場（マーケット）」であったのである。

　ちなみにその後、シンガポールに一九七八〜八〇年に二年間留学した私も、日本では売っていないような海賊版の李香蘭《りこうらん》（山口淑子）の中国語バージョンの「夜来香《イエライシャン》」「蘇州夜曲《そしゅうやきょく》」を、広東人街、「牛車水《ニイウチヨーシユイ》」（いわゆるシンガポールの「チャイナタウン」）の屋台で購入した。また、一九七四年に日本でもデビューしていたテレサ・テン（鄧麗君《ドンリージユン》）の「空港」「ふるさとはどこですか」などの日本語の曲とともに、テレサ・テンが中国語で歌う「夜来香」「何日君再来《ホーリージユンザイライ》」「阿里山的姑《アーリーシヤンダグウ》娘《ニアン》」などが入ったカセットテープを買い集め、中国語の勉強がてら何度も聞いた。

2　旅行ブームでにぎわう横浜中華街

「ディスカバー・ジャパン」の効果

一九七〇年代においても、横浜中華街は周辺には、大桟橋、山下公園、氷川丸、マリンタワー、元町商店街、外国人墓地、港の見える丘公園などの観光名所があり、恵まれた位置にあった（ちなみに一九四七年、平野愛子が歌った「港が見える丘」という歌謡曲が大ヒットした。歌詞の中には特定の港の地名は出てこなかったが、その後、一九六二年になって、その曲名にちなんで「港の見える丘公園」が中区山手町に開かれた）。

日本では、伝統的な旅行スタイルとして、団体しかも男性の旅行が重要な地位を占めていた。これに対して一九七〇年、国鉄（現・JR）は個人や女性の旅行客の増大を目的に、「ディスカバー・ジャパン」キャンペーンを始めた。日本の経済発展に伴い、このキャンペーンは大成功を収めた。キャンペーンの副題は「美しい日本と私」で、多くの日本人が日本各地の美しさを再発見する旅に出た。「ディスカバー・ジャパン」は、横浜中華街を訪れる観光客を急増させることにもなった。

図6-4　中華街大通り（1978年）

表6－1　横浜中華街における華僑経営の店舗の業種別構成（1962年・1976年）

1962年1月現在 1)		1976年10月現在 2)	
業種	軒数	業種	軒数
中国料理店	61	中国料理店	95
飲食店（中国料理店を除く）	11		
バー・キャバレー	81	喫茶店・スナック・バー	25
喫茶店	1		
食料品店	8	中国食品雑貨店	20
		中国菓子店・同製造所	15
身辺雑貨店	2	中国民芸品・物産店	15
雑貨品店	1		
衣料品店	8	洋服・衣料品店	7
遊技店	3	ホテル	4
その他サービス業	6	理髪店・美容院	3
		不動産会社	3
文化用品店	5	薬局	4
医院	1	病院	4
普通商社（非小売店）	16	貿易商社（非小売店）	2
		自動車修理工場	1
		印刷所	1
計	204	計	199

注）1. 山口辰男：横浜中華街の生態研究（Ⅲ）、経済と貿易81、1963、10頁による。2. 現地調査による。出典：山下清海（1979）

日中国交正常化以後、中国大陸から輸入される物品も豊富になり、中国料理店はもちろんのこと、観光客相手の中国民芸品・物産店、中国菓子店などが増加していった。

表6－1は、横浜中華街における華僑経営の店舗構成（一九六二年一月と一九七六年一〇月）を示したものである。

一九六二年は、バー・キャバレー・喫茶店が八二軒で、その数は中国料理店の六一軒よりも多かった。私の調査では、一九七六年当時、横浜中華街には、華僑経営のみで一九九軒の店舗があった。そのうち中国料理店が九五軒、バー・スナック・喫茶店が二〇軒、中国菓子店・製造所が一五軒、中国民芸品・物産店が一五軒などとなっていた。

図６－５は、私が一九七六年に横浜中華街を調査して作成した華僑経営の店舗・住宅・関係諸施設の分布図である。この時すでに、中華街大通りには中国料理店が隙間なく集中していた。これに比べると、関帝廟通りにおいては華僑経営の店舗等の集中度はそれほど高くはない。現在の市場通り、南門シルクロードなど他の街路においても、中国料理店やその他華僑経営の店舗も多くは見られなかった。

図６－５　横浜中華街における華僑経営の店舗・住宅・関係諸施設（1976年）　出典：山下清海（1979）

中華街ブームへ

一九八〇年代になるとグルメブームが始まり、中国料理店集中地区としての横浜中華街の観光地化を一層促進させた。

これに対応し、一九八八年には、横浜中華街の街路に、広東道、福建路、上海路、中山路などの中国式街路名や南門シルクロード（旧南門通り）、関帝廟通り（旧中華街新通り）などの道路の愛称が付けられた。

一九八〇年代、横浜中華街は絶頂期を迎えていたと言ってよい。一九八八年五月の日曜日、中華街で調査した際、私が記録したフィールドノートを見てみよう。


すごい人出。まさに中華街ブームである。「油条《ヨウテイアオ》」（中国式の細長い揚げパン。一本、二五〜三〇センチメートルで二五〇円。二本で四〇〇円）や中国菓子の露店。販売しているのは、中国人就学生のアルバイトのようだ。油条もだんだん日本人に知られるようになってきた。中国菓子店にはギャルの列（当時は若い女性を「ギャル」と呼んでいた）。

改築された「聘珍樓」は、飲茶《ヤムチャ》ブームで満員。中華粥の「謝甜記《しやてんき》」、牛バラ飯の「海員閣《かいいんかく》」も、いつもながらの客の行列。

中華街は、善隣門から西門側（石川町駅方面）へ拡大傾向。中華街大通りの人出はすごいが、脇道に入ると人通りは少なくなる。

飲茶ブームに乗って、一九八二年には、広東料理の老舗「萬珍樓」が、点心専門店「萬珍樓點心舗」を開港道に開業した。一九八八年一二月の『朝日新聞』も、「ガラリ変身　横浜中華街」という見出しで、次のように伝えている。

中華街に新風が吹き始めた。伝統に縛られぬ、新たな店のイメージチェンジ。中国派と台湾派に分裂、不幸な対立の歴史を刻んできた地元華僑界の若手の間にも、新たな街作りに協力し合う空気が出てきた。グルメブームを背景に、年間七百万人の観光客が訪れる国際的な観光地、中華街は、（中略）明治以来の転換期を迎えている。
「善隣門」も、三十年ぶりに建て替え工事が進んでいる。今まで、「素性」のはっきりしている通りは「大通り」「関帝廟通り」「広東通り」「市場通り」の四本だけだった。しかし、路地裏にも客の長い列ができるようになり、街のそれぞれの通りに名前が必要になったのだ。
（『朝日新聞』一九八八年一二月一六日）

一九八〇年代の中華街ブームの際には、「えっ、また！」と言ってしまいそうなくらい、テレビで横浜中華街を取り上げた番組が放送されていた。しだいに日本人が食べたことがないような豪華な中国料理を取り上げる番組も多くなっていき、なかには、一般の中国料理店のメニューにはないような「満漢全席」を紹介するものもあった。満漢全席とは、中国の満族（満州族）と漢族の料理を集大成したもので、本来は二、三日をかけて、山海の珍味を集めた料理を食べるものである。「珠江飯店」では、当時珍しく「ミニ満漢全席」のメニューがあり、一三種類の料理を一〇人一卓、八〇万円で提供していた（読売新聞社横浜支局、一九九八年、八六頁）。

チャイナタウンを研究している私は、横浜中華街関係のテレビ番組は、可能な限り録画してきた。なかでも、録画に忙しかったのは、一九九二、九三年ころの期間である。

「魅力いっぱい！　横浜中華街の秘密」（「スーパーテレビ」日本テレビ、一九九二年四月二七日）

「横浜中華街味戦争！～激突！新名店ズラリ」（「今夜は！好奇心」フジテレビ、一九九二年一一月二日）

「新発見　味、そして伝統～横浜中華街裏側を探る！」（「トゥナイト」テレビ朝日、一九九三年五月二〇日）

「横浜中華街～チャイナタウンで夕陽を見る」（「ワーズワースの庭」フジテレビ、一九九三年六月四日）

「激動のチャイナタウン最新情報」（「谷村新司のテレビ裸の王様」日本テレビ、一九九三年六月二四日）

これら以外にも、「中華街もの」の番組は多数にのぼる。たとえば、「横浜中華街味覚王」（TVチャンピオン、テレビ東京）は、一九九二年放送以来、好評のためシリーズ化されたほどである。「君に香る花を」（フジテレビ、一九九五年九月九日）は、横浜中華街を舞台にしたドラマである。「料理の鉄人」（フジテレビ系、一九九三～九九年放送）のヒットは、人びとの中国料理への関心をいっそう高めることになり、ひいては中華街へ足を運ばせることにもつながった。

「料理の鉄人」といえば、「和の鉄人」道場六三郎と決戦して人気を博した周富徳（一九四三〜二〇一四年）を、多くの読者は覚えていらっしゃるだろう。多数のテレビ番組に出演し、日本において中国料理への関心をさらに高める貢献をした周も、横浜中華街の出身で、聘珍樓の総料理長も務めた。

インターネットがまだ普及していなかった時代には、横浜中華街がテレビや雑誌など、マスメディアの報道を通し、またグルメブームやエスニックブームとの相乗効果で、知名度がさらに高められ、全国各地からの来街者も増加した。

一九八〇年代の横浜中華街ブームが、多少の変化はあるものの、今日に至るまで四〇年以上も続いている。それは、後述するように、横浜中華街の華僑と日本人の協力の成果と言えよう。

3　バブル経済下の横浜中華街

ジャスミン茶から烏龍茶へ

多くの日本人にとって、中国の酒といえば、紹興酒あるいは老酒《ラオチユウ》を思い浮かべるだろう。浙江省の紹興の代表的な黄酒《ホアンチユウ》の一種である。黄酒を長期熟成させたものが老酒と呼ばれる。紹興は魯《ろ》迅《じん》の故郷で、水郷地帯特有のクリークに面して家屋が連なっている。モチ米を原料とし、カラメルを添加しているため茶色で、アルコール度は日本酒に近い一四~一八度くらいである。

私が初めて中国を訪れたのは一九七八年であるが、それまで、中国のもっとも代表的な酒は紹興酒だと思い込んでいた。しかし、それは違っていた。

幾度も訪中してきた中で、紹興酒を飲みたくなることがあった。酒販売店に行くと、紹興酒を飲む習慣がない地域では、「紹興酒? 料理に使うのか?」と尋ねられたりする。「紹興酒=料理酒」というイメージがあるのだ。なかには、「紹興酒? あれは田舎者が飲む酒だ。我々はワインを飲むんだ」と都会人ぶるタクシー運転手にも出会った。中国でよく飲まれるのはビール、そして東北地方や南の貴州省、雲南省では白酒《バイチユウ》なのである。

「中国茶といえば、烏龍茶《ウーロン》ですよね」と答える日本人も非常に多いのではないか。日本において烏龍茶の人気が高まったのは、一九七〇年代以降である。それまで日本では、「中国茶といえばジャスミン茶」というイメージが強かった。横浜中華街の中国料理店でも、ほとんどの店でジャスミン茶を出していた。それが「ピンクレディーのスタイルがよいのは鉄観音(烏龍茶の一種)を飲んでいるから」と噂になり、一九七九年から烏龍茶が流行りだしたのだ(今柊二、二〇一三年、二一〇~二一二頁)。

伊藤園は、一九八〇年、緑茶よりも先に烏龍茶の量産化に成功し、「缶入り烏龍茶」の販売を開始した。一九八一年にはサントリーも「サントリー烏龍茶」を発売した。烏龍茶に含まれるポリフェノールが脂肪の吸収を抑えるということで、烏龍茶ブームをもたらした（伊藤園ウェブサイト「お茶百科」／「15年で市場半減のウーロン茶離れ　国産登場で歯止めかかるか」『NEWSポストセブン』二〇一五年二月七日）。

日本のレストランでは、お茶や水は一般的に無料であるが、中国料理店に入り、よい香りのジャスミン茶を飲むと、「この店の中国料理は本場ものだろう」と思ってしまったものである。香港や広州の飲茶レストランに行くと、まず店員が「茶は何がいい？」と尋ねる。まだ慣れない時に「茉莉花《ジャスミン》茶」と答えると、店員は不思議そうな表情で、「ブーアル茶か烏龍茶、どっちですか」と問い直してきた。香港人には、雲南省産の普洱《プーアル》茶が人気のようである。良質の茶は香りも味わうのに、花を入れては本来の茶の香りが台なしということだ。花を用いた花茶は、茶産地ではない中国の北部で好まれる傾向がある。

図6-6　悟空茶荘（2005年）「悟空」の系列店で、2階は茶館になっている

今日の日本で、中国茶の代表は烏龍茶である。横浜中華街で中国料理店や中国物産店などを経営してきた

曽徳深は、一九七二年の日中国交正常化後、中国からの食品輸入に取り組み、日本で初めて業務用烏龍茶の輸入代理店となった。そして、各種の中国茶を試飲できる日本初の中国茶専門店「悟空」を、一九八一年に開業した（「インタビュー　曽徳深氏　二〇〇六年四月」横浜中法人協会）。

中国茶ブームで、横浜中華街の中には中国茶の販売専門店や中国茶の喫茶店も見られるようになった（図6－6）。中国料理店が中心であった横浜中華街に、中国の食文化をより深く、より広く味わえる専門店が新たに加わっていくことにより、中華街を訪問するメリットはさらに高まっていった。

店舗の新改築ラッシュ

前章で述べたように、バブル経済期以前、横浜中華街の店舗は二階建てがほとんどで、一階が店舗、二階が店舗経営者の家族の住居という形態が多く、職住一致であった。

従来、華僑は日本の銀行から融資を受けることが難しかった。日本の銀行の華僑に対する信頼度が低かったためである。このため、横浜中華街の華僑らは出資金を持ち寄り、一九五二年に華僑のための銀行として、「信用組合横浜華銀」を設立した。場所は、一九五五年に建立された善隣門の近くである。

店舗を開業、改築したりする際には、第四章でも述べた「無尽《むじん》」（頼母子講《たのもしこう》）と呼ばれる華僑の伝統的な資金融資方法も利用されてきた。地元の『神奈川新聞』の記者として、長年、横浜中華街や華僑について取材してきた白神義夫は、無尽について次のように説明している。

無尽は、六人から十人くらいのグループで運営するのがいちばん多く、場合によっては五十人という大所帯もある。ひとり五万円から五十万円ほど持ち寄り、店舗改装費や急場の仕入れ、あるいは使用人から一本立ちして小店を構える独立資金として融通している。証文、担保、保証人なしで融資が受けられるこの無尽こそ、華僑ならではの親睦兼用の相互扶助機関であり、情報交換の場としての性格も発揮している。

（白神義夫、一九七三年、一四二～一四三頁）

一九八三年から八四年にかけて、横浜中華街では無尽による被害が明るみに出た（松信太助編、一九八九年、八七一・八七八頁）。

一九八三年一二月二四日　中華街の無尽講、次々に倒産、被害二〇数億円
一九八四年四月一六日　中華街の無尽講連続倒産。講元三人、酒店経営者相手に〈掛け金四七〇〇万円払え〉訴訟

バブル経済期に入ると、それまで華僑に対して厳しく対応してきた日本の銀行が、華僑に対し

図6-7　旧店舗と改築後の聘珍樓（左・1978年、右・1992年）

て、「資金を融資しますから、店舗を改造しませんか」などと融資を呼びかけるようになった。地価が上昇を続ける中で、店舗の敷地を担保に、店舗の新改築が次々に行われ、店舗の規模拡大、高層化が進んだ。

一八八七（明治二〇）年創業の中国料理の老舗「聘珍樓」は、改築される以前は、今日ほどの高級料理店ではなかった。横浜中華街で生まれ育った、中華料理デザイナーのハイロン張沢（一九五六年生まれ）は、学んでいた横浜中華学院には給食がなかったため、中学生時代、同級生たちと昼食を食べに週一回は聘珍樓に通っていた。いつも一杯六〇～八〇円ほどのサンマーメン（生馬麵）を食べていたという（ハイロン張沢、一九九七年、一七二頁）。しかし聘珍樓は、一九八六年、七階建てのビルに全面改築され、中華街を代表する大規模な高級広東料理店となったのだ（図6－7）。

一九八六年の横浜中華街――フィールドノートから

一九八六年一〇月一日（水曜）の国慶節、横浜中華街を調査した。当時の中華街の状況を知るために、その際の私のフィールドノートの記録を復元してみよう。

横浜中華街の観光地化が、一層進んでいる。中華街の内部にも新しい店舗が増加。しかし、それらの店舗面積は小さい。周辺部にも新しい店舗が設立され、中華街の拡大がみられる。ホテル・ホリデイイン（現・ローズホテル横浜）の建設、その中に重慶飯店《じゅうけいはんてん》新館が入っている。店舗の改築も目立つ。特に元の聘珍樓の隣に新築された聘珍樓の立派な店舗が目立つ。

国慶節とはいえ、平日にもかかわらず、若い女性や中年女性が目立つ。欧米系とみられる外国人観光客も増えている。

「中国貿易公司」の従業員は、他の従業員と標準中国語を話している。喫茶店「エル」（中華街大通りと南門シルクロードの角にあった。現在は「崎陽軒中華街シウマイBAR店」）のウエイトレスは、不慣れな日本語であった。来日間もない中国人留学生のアルバイトと思われる。

チャイナタウンから多様化するエスニックタウンへの変容の一端もうかがえる。その象徴が「チャイハネ」である。中国・東南アジア・インドなどの民芸品を販売している。ここでは、特に若い女性客が多い。「東南亜民芸品」の看板も掲げられている。

中華街大通りの「信濃屋」や市場通りの「池川商店」などの青果店では、香菜《シャンツァイ》（パクチー）、青梗菜《チンゲンさい》などの中国野菜を多く店頭に並べている。中華街の中国料理店や華僑向けだけでなく、中華街への日本人来街者向けでもあろう。

中華街で数少ない台湾料理店「青葉」で、牛肉湯麵《たんめん》（七〇〇円）の昼食。四〇歳あまりと思われる女性経営者の日本語はあまり上手ではない。従業員とは台湾の「国語《グオユー》」（いわゆる北京語）を話していた。彼女は「国慶節より双十節の方がにぎやかですよ」と私に強調していた。台湾人としての誇りなのだろう。

午後四時半、中華粥専門店「謝甜記」に入る。まだ夕食には早すぎる時間だが、すでに行列ができている。シンガポール留学時代によく食べていた魚生粥《ユイションジョウ》（さかなかゆ、五五〇円）と油条（細長い揚げパン、一五〇円）を注文。

客が店内の壁に貼ってあるメニューを一生懸命見ていると、入り口わきに座っていた老人が駆け寄ってきて、言葉を用いず、テーブルの上に置かれているメニューを手でたたいて客に知らせた。「テーブルの上にもメニューがありますよ」という意味のようだ。店内奥の調理場では、その老人の息子と思われる人が、一生懸命料理をしていた。調理場から聞こえてくるのは日本語であった。

楽しみにしていた国慶節のパレードは、雨のために中止に決まったようだ。謝甜記の従業員が、客に説明していた。「香港で購入した豪華な獅子や龍が雨に濡れて台なしになると困るからなんですよ」と。

フィールドノートに記録した「謝甜記」の老人とは、広東省高明県出身で、一九五一年に「謝甜記」を創業した謝甜《しゃてん》である。また、調理場の息子と思われる人は、「謝甜記」の現在の社長で横浜華僑総会（大陸派）の会長を務める謝成発《しゃせいはつ》である。

横浜中華街の料理の特色

世界各地のチャイナタウンを訪れ、現地の中国料理を味わうと、日本で食べる「中華料理」とは、味もメニューも大きく異なっている。当然ながら、華僑は、移住先の人びとの好みを考慮しながら、料理も現地化していったのである。日本で食べる中国料理は、日本化したものであり、それらを私は「中華料理」と呼んでいる。

シンガポールで二年間留学生活を送った私は、ほとんど毎日、「シンガポールの中国料理」を味わってきた。華僑の出身地に応じて、福建料理、潮州料理、広東料理、海南料理、客家料理、さらにはニョニャ料理と呼ばれるマレー化した中国料理などもあった。毎日食べていても飽きなかった。中国各地の地方料理も、シンガポールで「現地化」が進んでいるのは当然である。

シンガポールで、唯一、非常に食べたかったのに食べられなかった中国料理は餃子であった。

シンガポールの華僑の大部分は、福建省、広東省、海南省など、中国南部の出身である。一方、餃子は中国北部で主食として食べられるものである（山下清海、二〇一六年、一〇八～一一二頁）。

横浜中華街では、開港以来、広東出身の華僑がもっとも多かった。このため、横浜中華街の中国料理といえば、広東料理がメインであった。「食は広州にあり」と言われるように、北京料理、上海料理、四川料理など中国を代表する地方料理の中でも、広東料理は代表格と言えよう。

多くの日本人にとって、中国料理と聞いて思い出す大衆的なメニューは、餃子、麻婆豆腐、炒飯などであろう。これらは、いわゆる「町中華」と呼ばれる、安くて、うまい大衆的な「中華料理店」の代表的なメニューである。前述したように、「中華料理」という表現は日本語であり、日本式の中国風の料理のことである。口の悪い中国人は、「日本で『中華料理』と呼ばれるものは、日本料理の一種ですね」と言ったりする。

以前、横浜中華街の中国料理店で餃子を注文すると、「うちには餃子は置いてない。焼売ならあるけど」という店もあった。そのような中国料理店の経営者の多くは、広東人であった。「うちの店は本場の広東料理が専門で、餃子なんか置いていないよ」というプライドの反映でもあったのだろう。餃子は、降水量が少なく、気温が低いために稲作ができない中国北部の地域の主食として食べられていたものである。中国の東北地方（旧満州）や華北地方などでは、小麦の粉食である餃子、麺類、マントウ（饅頭）などを主食としてきた。マントウは、蒸しパンの一種であるが、餡《あん》や具が入っていないものが一般的である。

焼売は標準中国では「シャオマイ」と発音する。広東語では「シウマイ」と発音し、これが日本に伝わって、「シューマイ」と呼ばれるようになったようである。焼売の皮は小麦でできており、中国北部の地域でも食べられるが、皮が厚めになる。香港、アメリカ、カナダ、イギリスなど広東人が多い中国料理店では、飲茶レストランが多くみられる。飲茶の代表的なメニューの一つがシューマイである。

横浜中華街のオリジナルな麵料理といえばサンマーメンである。サンマーメンの漢字表記としては、生碼麵、生馬麵、三碼麵などがある。横浜中華街に限らず、神奈川県ではよく食されている。具はもやし、白菜、肉などで、スープはとろみのある醬油ベースである。サンマーメンは今や、横浜のご当地ラーメンともみなされている。

では、今日、中国人が横浜中華街の中国料理店で提供される中国料理を食べて、どのように感じるのであろうか。中国で食べられている同名の料理と比べると、異なると思うのは当然である。だから「偽物だ、おいしくない」と短絡的に言う中国人もいるのは確かである。しかし中国北部（遼寧省瀋陽）出身で、華僑社会の研究者である王維《おうい》（長崎大学多文化社会学部教授）は、横浜中華街で食べた四川料理の担担麵について次のように述べている。

担担麵といえば、日本に定着したものは中国のそれと大きく異なる。四川の担担麵は汁やスープがなく、和え物のように唐辛子、ゴマ油、そして山椒などで味をつけた麵だけで、小さなお椀に入れてある。ところが日本の担担麵は、麻婆豆腐のようにひき肉などを入れて、辛いかどうかは別にしても、とにかくスープの色を赤くする。日本風にされたものだが、中国人である私から見ても、スープの彩りがよく、ボリュームもあり、食欲を引き起こさせられる。外観のイメージほど辛くなく、ちょうどよい味付けでとてもおいしい。

（王維、二〇〇三年、一二三頁）

バブル経済崩壊の影響

バブル経済期には、老舗中国料理店の高級中国料理のコースメニューに人気があった。当時、今ではあまり使われなくなった「社用族」という用語があった。「社用」にかこつけ、会社の金で遊興する人たちを指す言葉である。会社の財政にいくらか「余裕」があったバブル経済期には、東京からわざわざ横浜中華街へ「社用」で中国料理を味わいに来る客も少なくなかった。バブル経済期は終わっていたが、一九九五年頃には、「官官接待」（税金を使った公務員同士の飲み食い）も流行語となった。

しかし、バブル経済が崩壊して、日本が長い低成長期に入ると、横浜中華街の中国料理店も低価格路線に舵《かじ》を取らざるを得なくなった。調子よく飲み食いしてくれた「社用族」が減少し、家族や少人数のグループが増え、店舗の純利益は減少の一途をたどることになった。

若者グループやカップルは、肉まん、あんまんなど（今日では焼き小籠包、タピオカドリンクなど）を食べ歩きをし、中国料理店に入って食事をしないというスタイルも多くみられるようになった（図6－8）。大きな肉まんや焼き小籠包を店の外で食べ、後述する占い店に立ち寄ったりしながら中華街を歩くことが、若者のあいだでは一種のファッションとなったようだ。修学旅行の団体も多く目にするようになった。多くは自由時間に食べ歩きの店を探索するのを楽しんでいる。

一人当たりの客単価が減少していく中で、中国料理店の経営も厳しくなっていった。経営が良好であれば、会社勤めをしている子息に「後継者になってくれ」と言えようが、先行きがわからないような状況であれば、そう言うのも難しい。

図6–8　にぎわうテイクアウト専門店（2019年）
タピオカドリンクなど、現在も若者の人気が高い

そのような中、横浜中華街を代表する老舗中国料理店「安楽園」（一九二三（大正一二）年創業）が、二〇一一年に閉業した（第三章図3－5）。安楽園の創業者、羅佐臣《らさしん》は広東省高明県出身で、一九〇三（明治三六）年、海産物問屋を開業し、一九二三年、北京料理店「安楽園」を開業した。料亭を思わせるようなその建物は、中華街大通りのシンボルでもあった。安楽園の跡地には、二〇一三年、三階建ての体験型ショッピングセンター「横浜博覧館」がオープンした。

第七章

横浜中華街の再編成——老華僑と新華僑

1　小異を残して大同につく

一九八九年六月四日——天安門事件

一九七八年一二月、鄧小平《とうしょうへい》らは、改革開放政策を実施することを決定した。経済特区が設置され、中国国内への海外資本も導入され、市場経済への移行が進められた。一九八〇年代半ば以降、日本語学校で学ぶ目的の「就学」（当時、大学等で学ぶ「留学」とは別分類）ビザで来日する中国人就学生が急増していた。彼らは学校以外の時間の多くを働いて過ごしたので、これは貧しい中国から日本への「出稼ぎ」という側面も強かった。

在留外国人統計（法務省入国管理局）によれば、一九八四年（一二月末）、日本に在留するある中国人は六万七八九五人（台湾人も含む）であった。それが、一九八六年一二月、中国人就学生は八万四三九七人に、そして一九八八年には一二万九二六九人に急増した。

東京の居酒屋では、急に中国人アルバイトの姿が目立つようになった。当時、秋田大学に勤務し、中国語を話す機会がほとんどなかった私にとって、東京へ出張した際に居酒屋で、中国人就学生と「中国のどこ出身なの？」「福建省だったら福清ではないの？」などと会話をするのが楽しみであった。

そんな時であった。一九八九年四月、改革派指導者であった胡耀邦《こようほう》元共産党総書記が死去した。胡耀邦を追悼する動きが発端となり、中国の民主化を求める学生らが北京の天安門広場に集まったり、大きな民主化運動に発展していった。当時、日本を含めて世界各国の報道関係者が、その状況を報道し、現場から中国人の生の声を伝えた。取材陣のマイクを奪い合うように堂々とテレビカメラに向かって中国の民主化を訴え、中国共産党のやり方を批判する大衆の姿をテレビで見た私は、「ここまでくれば時計の針は、もう元には戻せない。中国は民主化に向けて変わっていかざるを得ないところまできた」と思った。

ところが、天安門広場付近で取材していた外国の報道関係者は一斉に排除されてしまった。六月三日夜から翌四日未明のことである。私は北京からの生中継のテレビに釘づけになった。すると、「天安門方面から激しい銃声が聞こえます！」と、北京特派員が伝えた。人民解放軍が武力鎮圧に踏み切ったのである。事件後、当局は三一九人が死亡したと発表したが、実際はもっと多くの犠牲者が出たようである。

六月四日は日曜日であったので、当時は「血の日曜日」とも言われ、のちになって「天安門事件」と呼ばれるようになった。中国人社会では「六四」（六月四日の意味）と呼ばれている。

学生の民主化要求の高まりは、当時、日本在留の華僑や中国人就学生・留学生らにも大きな影響を及ぼした。同世代の大勢の若者が天安門前で犠牲になったニュースを日本のテレビで目にした中国人就学生・留学生たちは、各大学で中国政府への抗議集会を開催した。中国人留学生にとって、母国の政府への抗議は、非常に勇気がいる行動であった。

横浜中華街にある大陸派の横浜華僑総会では、六月六日に役員らが集まった。若手の華僑のほうが中国政府に対する怒りは強かったようである。横浜華僑総会の声明の要旨は以下の通りである。横浜華僑総会が中国内政絡みで声明を出すのは、中国建国以来初めてのことであった。


武力弾圧で多数の愛国青年学生と市民を殺傷したことに対し、横浜華僑総会と在日華僑は激しい憤怒と深い悲しみを感じている。夢にも想像できないことである。人民の軍隊の銃口が人民に向けられた。そして予期せぬ血生臭い鎮圧が始まった。われわれはこの虐殺行為を断固として糾弾する。内外の全同胞は立場をひとつにして正義の闘争の鎮圧に反対し、党と政府が沈着冷静に問題を解決するよう求める。

（「7日に留学生らが北京流血の抗議集会　横浜」『朝日新聞』〈神奈川版〉一九八九年六月七日朝刊）

日本各地の華僑総会、華僑学校から構成される留日華僑代表会議も、同様の声明を出している。その声明文は、「一、人道を逸した無差別発砲、大量殺傷を断固糾弾」、「二、学生らが提起した民主化要求の支持」、「三、政府が武力行使を中止し、各界各層と対話することを要求する」など五項目である。六月一〇日、代表会議のメンバーが中国大使館を訪問し、大使に声明文を手渡した（『毎日新聞』一九八九年六月一一日朝刊）。

中国政府を一貫して支持してきた在日華僑の団体などが、中国政府のやり方を批判し、中国大使館を訪れて抗議するとは、想像さえできなかった。一時的に弾圧されたとはいえ、中国青年たちの民主化要求を、大陸派の在日華僑も強く支持していることを知り、中国の民主化の流れも逆戻りはできないのではないかと、その時は想像した。しかし、それから三〇年あまり経った現在も、民主化は実現されていない。

関帝廟の火災と再建

一九八六年の元旦、関帝廟は不審火に見舞われた。廟の前半部が焼失したが、後半部の主神であり、商売繁盛の神であり、学問の神でもある関羽（関聖帝君）、そして向かって左側の地母《じぼ》娘《にゃん》娘《にゃん》（除災や長命などの神）、右側の観音菩薩（健康や安産などの神）の像は、焼失を免れた。

横浜中華街の初代関帝廟は一九二三（大正一二）年の関東大震災で、二代目の関帝廟は一九四五（昭和二〇）年の横浜大空襲で、それぞれ焼失した。三代目の関帝廟の被災は、横浜中華街の華僑に大きな衝撃を与えた。

何としても関帝廟を再建したいという華僑の思いは、それまでの大陸派と台湾派の対立を克服させ、一つにまとめた。中国語の「存小異、求大同」（小異を残して大同につく）という精神がみごとに発揮されたのである。

横浜中華街の華僑社会は、中国を支持する「横浜華僑総会」（大陸派）と台湾を支持する「横浜華僑總會」（台湾派）に二分されてきた。しかし横浜中華街発展会の理事らが中心になり、関帝廟の再建に向けて尽力した結果、厳しく対立していた両派の華僑総会が協力して、政治的対立を乗り越え、関帝廟再建委員会が設立された。大きな問題は再建のための資金であったが、同委員会の委員が一律一〇〇〇万円を寄付することが決定された（林兼正、二〇一四年、一〇〜二〇頁）。

図7-1　仮修復された三代目の関帝廟（1988年）

「第四代関帝廟再建事業寄付者名簿」を見ると、財団法人中華会館三一〇〇万円、横浜銀行三〇〇〇万円、東海銀行（現・三菱ＵＦＪ銀行）と横浜華銀各二〇〇〇万円、一三の店舗・人・団体

が各一〇〇〇万円などとなっている（『関帝廟と横浜華銀』編集委員会、二〇一四年、三三一〜三四〇頁）。

もともと関帝廟は、台湾派の横浜中華学院の敷地内にあり、参拝するには横浜中華学院の門を通らねばならなかった。このため多くの日本人には、関帝廟の存在そのものがあまり認識されていなかった。再建にあたって、関帝廟の場所は、関帝廟通りと中山路の角の現在地に移された。この用地は中華会館が所有していたが、無料で貸借された。

図7-2　再建された四代目関帝廟（1996年）（上）と廟内（中央が関帝）（2011年）（下）

それまでの横浜中華街の最大のシンボルは中華街大通りの善隣門であったが、これに関帝廟が加わり、中華街の裏通り的存在であった現在の関帝廟通りは、第二のメインストリートに「昇格」した。

最終的に四億四五〇〇万円の寄付をもとに、総工費五億八〇〇〇万円を投じて四代目関帝廟が完成した（図7－2）。一九九〇年八月一四日、二〇〇〇人あまりを集めて盛大な落慶式典が行われた。

再建にあたり、北京と台湾から専門技術者を招き、中国伝統建築工芸の粋をこらして、新たな中華街のシンボルはみごとに再建された。一九五二年の「学校事件」以来、華僑社会の長い政治的対立の歴史を知っている者にとっては、両派の最高責任者が、再建された関帝廟の落慶式典に同席し、祝辞を述べるとは、にわかに信じがたい光景であった。

この関帝廟再建を機に、のちに開催されるようになった春節祭や関帝誕（関羽の生誕祭）などのイベントの舞台においても、両派が同じ舞台に立って演じる姿が定着していった。政治的立場を越えて協力しあうことこそ、横浜中華街の発展にとって何よりの力となるのである。

「中華街には台湾海峡はない」――対立から協調へ

四代目関帝廟の再建を契機に、大陸派・台湾派の二つに分裂してきた横浜中華街の華僑社会は、しだいに協調へ向けて動き出した。

前述のように一九五三年、横浜華僑総会は二派に分裂し、結果的に台湾派のグループが残留し、大陸派のグループが追い出される形となった。このため一九八三年、大陸派は、横浜華僑総会の事務所を台湾派が不法占拠しているとして、明け渡すよう横浜地裁に提訴していた（「建物明渡し請求裁判」という）。

しかし一九九四年、大陸派の横浜華僑総会は訴訟を取り下げることにした。当時の横浜華僑総会の呂《ろ》行雄《こうゆう》会長は「法廷での結論は双方にしこりが残る。日常の対話や共同作業で問題の解決に向かいたい」と話した。これに対し、台湾派の華僑総会の陳志《ちんし》瑋《い》常務理事は、「次世代に悪影響が及ばないようにしたい。互いに協調できる華僑社会を作り上げないといけない」と歓迎した（「華僑総会、協調の時代へ　中国系が訴訟取り下げ」『朝日新聞』〔神奈川版〕一九九四年二月一五日朝刊）。

図7-3　中国料理店に貼られた国慶節と双十節のポスター（2019年）

呂行雄会長は、「建物明渡し請求裁判」終了に際して、「提訴を取り下げることによって対話の場を失うのではないか？」との質問に対して、次のように答えている。「僑胞〔華僑同胞〕の間には地理的な台湾海峡は存在しないのであります。心理的な台湾海峡を乗り越えれば、いつどこでも対話が可能なのです」（「華僑報」〔東京華僑総会発行〕一九九四年二月一五日）。

近年、中華街では、一軒の店に、大陸派が祝ってきた一〇月一日の「国慶節」と台湾派が祝ってきた一〇月一〇日の「双十節」の両方のポスターが並べて貼ってあるところをよく見かけるようになった（図7－3）。以前の大陸派と台湾派の厳しい対立を見てきた者にとって、大きな時代の変化を感じる。

マンション建設計画から媽祖廟の新設へ

二〇〇三年一〇月、山下町公園（通称、山下町小公園）に近く、南門シルクロードに面する土地に、大手マンション業者「大京」による一一階建ての高層マンション建設計画が明らかになった。中華街関係者の中には、マンション住民の中華街に対する理解度について心配している者もいた。

「春節、国慶節、双十節をはじめ様々な行事で、中華街にはドラや爆竹が鳴り響くが、マンション住民から「騒音がうるさい」と苦情が出るのではないか」「特に山下町小公園は、多くの行事で舞台が設置されたり、練習の場、パレードの出発点・終点になるから」と心配の声が出た。すでに横浜中華街の周辺には、多くのマンションが建設され、一部の新しい住民から行事の際の騒音に関する苦情が出ていた。

また、横浜中華街の中心部における高層マンションの建設は、中華街の伝統的景観をそこなうことになるという懸念もあった。そこで、横浜中華街発展会協同組合など二二団体で構成する横浜中華街「街づくり」団体連合協議会（当時の会長は中国料理店「萬珍樓」社長、林兼正）は、「大京」と交渉を重ねた。その結果、翌二〇〇四年、マンション建設用地（約三〇〇坪＝約九九〇平方メートル）を約九億円で買い戻すことで合意した（林兼正、二〇一四年、二一〜二二頁）。

さらなる問題は、買い戻した土地をどのように利用するかであった。熟慮の結果、新たに媽祖廟を建設することが決まった。横浜中華街には、すでに関帝廟があるが、海外の華僑社会で関羽と並んで信仰の対象として人気がある媽祖を祀る廟はなかった。

図7-4　媽祖信仰発祥の地、福建省莆田市湄洲島の「湄洲祖廟」（2006年）

媽祖は、天后《てんこう》あるいは天上聖母ともいわれ、もともと福建省の莆田《ほでん》地方の航海・漁業の守護神（女神）であった（図7―4）。媽祖に関する言い伝えは、おおよそ次のようにまとめることができる。

媽祖は宋の時代、九六〇年三月二三日、福建省湄洲《びしゅう》島で、ある官吏の七女として生まれた。媽祖は、生後一カ月経っても泣き声をあげないため、林黙娘《りんもうにゃん》と名付けられた。彼女は幼い時から不思議な能力をもち、人の吉凶や幸不幸を当て、病気を治し人を災難から助け、海で遭難した父を助け、兄の遭難を予言したり、不思議な能力で人びとを助けてきたという逸話が多く残されている。二八歳の時、黙娘は旅立ち、やがて峨眉山《がびさん》の山頂で仙人に導かれて神様になったという。

媽祖信仰は福建省の沿岸地域や台湾、沖縄、さらには中国人の海外進出とともに東南アジアを中心に世界各地に広がっていった。旧暦三月二三日には、台湾、東南アジアの華僑社会などでは、媽祖生誕祭が盛大に行われる。

シンガポール、マレーシア、フィリピン、日本国内では長崎など、福建省出身者が多い華僑社

図7-5　横浜媽祖廟（2017年）　媽祖は天后とも呼ばれる。門に掲げられている「天后宮」は媽祖廟のこと

会では、媽祖信仰が盛んである。また明、清の時代に多数の福建省出身者が移住した台湾では、媽祖を祀った廟が多く見られる。日本でも、東京の新宿区百人町一丁目（JR中央線大久保駅近く）には、台湾人が中心になって、二〇一三年、東京媽祖廟が建立された（一方、アメリカ、カナダ、イギリス、横浜、神戸など広東人が多い華僑社会では、関羽をまつる関帝廟がみられる）。

媽祖廟の建設では、「横浜媽祖廟」という団体が組織され、林兼正が理事長となった。四代目関帝廟の再建（一九九〇年）の際はバブル経済の絶頂期であり、寄付金を短期間のうちに多く集めることができた。しかし媽祖廟の新設時には、日本の景気は長期低迷期に入っていた。マンション用地の買い戻しおよび媽祖廟の建設の総事業費は約一八億円にものぼり、横浜媽祖廟の理事会と評議員会の総意で、全額を銀行から借り入れることになった（林兼正、二〇一四年、二一～三二頁）。

こうして横浜中華街の関係者の熱意で建立された横浜媽祖廟は、中華街の新たな名所として人気を集めている（図7-5）。最近ではSNS上で、媽祖廟は「恋に効く」「金運が上昇する」などのご利益があるとされ、新たなパワースポットとなっている。

2　さらなる発展を目指して

中華街発展会の役割

横浜中華街の華僑社会が、大陸派と台湾派で対立していた一九七一年、横浜中華街の整備・発展のために、横浜中華街に店舗をもつ華僑および日本人が協力して、横浜中華街発展会協同組合（以下、中華街発展会）が結成された。中華街発展会は、同年に神奈川県知事より認可され、中華街で商業を営む華僑および日本人が、協力して中華街の発展を促していこうとするものであった。初代理事長を務めたのは、日本人の高橋柢祐《ていすけ》で、高橋は、一八九四（明治二七）年創業の精肉販売業「江戸清」の三代目社長であった。

中華街発展会が結成された年の翌一九七二年頃、横浜中華街には八三軒の中国料理店があった。精肉販売の江戸清が肉まん（ブタまん）を扱うようになったのは、それから十七年ほどたった一九八九年である。

中華街発展会のほかに、中華街にとって重要な団体がもう一つある。一九七二年、乗用車三五〇台を駐車できる四階五層の大型駐車場を運営する、横浜中華街パーキング協同組合（以下、中華街パーキング）が、山下町九四番地に設立された。

老舗中国料理店「萬珍樓」社長の林兼正（一九四一年生まれ）はこのとき三〇歳、これからの車社会を考えて、立体駐車のパーキングを中華街発展会に提案した。ところが「金はどうするんだ」と大きな抵抗があった。結局、中華街パーキング協同組合という別組織を有志だけで結成した（林兼正、二〇一〇年、七五〜七八頁）。

私は、一九七六、七七年当時、大学院の修士論文執筆の過程で、中華街発展会に注目し聞き取り調査を行った。中華街発展会の事務所は、当時、中華街パーキングの立体駐車場の中に入っていた。

一九七〇年代前半、大陸派と台湾派の対立で華僑社会の統合が不完全な状況の中で、中華街発展会の活動は、重要な意義をもっていた。中華街の東西南北の入口に朱塗りの門を建立し、中華街大通りに面する歩道や電柱を朱色に塗ったのも、中華街発展会であった。また一九七六年には、テレビを通じて中華街の広報活動を始めた。一九七七年八月当時、中華街発展会の会費納入者は二〇三名であった。中華街発展会は、政治的に中立の態度を維持し、また華僑と日本人との協力で運営され、中華街の発展において重要な役割を果たしていた（山下清海、一九七九年）。

修士論文の中で、中華街発展会について、私はその重要性を指摘したが、それは間違いではなかった。その後の横浜中華街の発展にとって、同会の果たす役割は、しだいに重要なものとなっていったのである。

一九九二年八月の私の調査では、横浜中華街には五一一軒の店舗があり、そのうち中国料理店は一五八軒（総数の三〇・九パーセント）を占めた。また、中国食品販売店が七一軒、中国産品販売店が三五軒を数えた。これら三種の中国関係店舗のみで、横浜中華街の総店舗数の五一・七パーセント（二六四軒）に達した。

一九九三年一月には、中華街発展会、横浜華僑総会を含む中華街関係の二四の団体により横浜中華街「街づくり」団体連合協議会（以下、街づくり協議会）が結成され、初代会長に林兼正（当時、発展会副理事長）が選出された（横浜華僑通訊、一九九三年二月一日）。

後述するように、街づくり協議会が中心になって、一九八九年から六年をかけて、四基の牌楼が改築され、さらに新たに四基の牌楼が建設された。総事業費は七億円にものぼる。一九九五年五月には、牌楼の完成記念式典が盛大に催された。

関帝廟の横の中山路側にある「横浜中華街牌楼建設奉献芳名紀念碑」（中国語では「記念」を「紀念」と表記する）には、一〇八〇万円ずつ寄付した二二の店舗・会社・団体から、五万円までの寄付者一覧が掲げられている。

牌楼の建て替え

一九九三年一〇月から牌楼の建て替えが本格化した。街づくり協議会（林兼正会長）や牌楼等建設委員会（曽徳深委員長）によって、牌楼の新改築が進められた。東西南北の入り口にある老朽化した門を一新するとともに、関帝廟通りと市場通りにも四基の門を新設することになった。一九九五年三月の完成予定で進められ、総工費約四億八〇〇〇万円と見込まれた（横浜華僑通訊、一九九三年一一月一日）。その後、もっとも老朽化していた東門は、みなとみらい線（二〇〇四年二月開通）との兼ね合いで、駅の位置が確定されてから着工され、二〇〇二年二月に改築された（図7－6）。できあがったのは、高さ一三・五メートル、幅一二メートルで、横浜中華街で最大の牌楼である。

図7–6　改築される前の「東門」（1988年）（上）と現在の「朝陽門」（2020年）（下）

四基の牌楼の改築を機会に、東門、西門、南門、北門は、風水思想に基づいて、それぞれ朝陽門、延平門、朱雀門、玄武門と呼ばれるようになった。風水思想では、各方位の守護神とされる想像上の霊獣が決まっており、青龍、白虎、朱雀、玄武の像が各牌楼に彫り込まれた。

横浜中華街のシンボルである善隣門は、前述したとおり、一九五五年、横浜中華街最初の牌楼として建設された（第四章図4－6）。当時は、「牌楼門」と呼ばれていた。また、赤い牌楼であったため、親しみを込めて地元の華僑は「赤門」とも呼んでいた。「中華街」と書かれた扁額の反対側には、「親仁善隣」と書かれた扁額が掲げられている。この牌楼が一九八九年に改築された際に、正式名称が「善隣門」に改められた。

「親仁善隣」とは「隣国や隣家と仲良くする」という意味で、中国・春秋時代の歴史書「春秋左氏伝」の一節「仁に親しみ隣に善《よ》くするは、国の宝なり」に由来する。林兼正によれば、「全ての人と等しく親しく仲良くしよう」というのが、横浜中華街の店舗や住民が大切にしてきた〝合言葉〟だという（「神奈川と平成・中華街　人をつないだ『親仁善隣』」『神奈川新聞』二〇一九年一月二八日付）。

善隣門および東西南北の牌楼のほかに、新たに四基の牌楼が新設された。関帝廟通りの東西には一対の牌楼が建てられ、東側が天長門《てんちょうもん》、西側が地久門《ちきゅうもん》と名付けられた。また、市場通りの両入り口にも二基の「市場通り門」が建てられた。これで、横浜中華街の牌楼は計九基となった。

横浜中華街には、その後もう一基の牌楼が建てられた。

この新しい牌楼が、JR石川町駅の北口すぐ近くにある西陽門《せいようもん》である（図7－7）。二〇〇四年、みなとみらい線が開通し、「元町・中華街駅」が横浜中華街のメインの最寄り駅に変わった。最近、駅名に副名称を設定する例が増えているが、元町・中華街駅の副名称は「山下公園」である。

このため、駅の表示は「元町・中華街駅（山下公園）」となっている。横浜の三大観光地が連なり、なんとも贅沢な駅名である。

元町・中華街駅ができるまで、ＪＲ石川町駅が、横浜中華街の最寄り駅としての役割を果たしてきた。しかし、石川町駅で下車した客のなかには、横浜中華街がどの方向にあるのかわからずに迷う訪問客も少なくなかった。そこで中華街発展会協同組合は、ＪＲ石川町駅の北口を出たところに横浜中華街の一〇番目の牌楼「西陽門」を二〇〇三年に建立した（図７－７）。さらに中華街風の六基の街路灯も設置された。西陽門を通り、街路灯に沿って歩けば、横浜中華街の延平門《えんぺいもん》（旧・西門）が見えてくる。西陽門および街路灯の総工費、四〇〇〇万円は、中華街発展会協同組合および横浜中華街牌楼等建設委員会が募った寄付金で賄われた（「石川町駅前に新中華門」『朝日新聞』（神奈川版）二〇〇一年一〇月二六日付朝刊）。

図7-7　10番目の牌楼「西陽門」（2020年）

西陽門の銘板には、「この牌楼は、白虎神をまつった中華街延平門より更に西端に位置しており、まさに西の太陽に一番近いところから『西陽門』と名付けられました」と記してある。

西陽門の建造により、横浜中華街の牌楼は合計一〇基となった。後述するように、世界のチャイナタウンの中で、もっとも多くの牌楼があるのは横浜中華街である。多くの日本人は、「世界のどこのチャイナタウンにも牌楼があり、牌楼がなければチャイナタウンではない」と考える。牌楼はチャイナタウンの観光地化のシンボルであるが、しかし世界には、牌楼のない、観光地化が進んでいないチャイナタウンのほうが多いのである。

3 減少する老華僑、増加する新華僑

新華僑の到来

一九七五年、大学院生になった私は、東京・神田神保町の中国語書籍を扱う「内山書店」の上階にあった日中学院に週三回通って、中国語を勉強し始めた。当時、日本で実践的な中国語が使えそうな場所としてクラスメートたちが考えたのが横浜中華街であった。そこで皆で横浜中華街に出かけた。中国料理店に入って、覚えたばかりの「リャンピン　ピージウ（両瓶啤酒）」（ビール二本）と叫んだ。すると従業員は無反応で、場が白けてしまった。中国料理店の店員は全員、日本人であったのだ。

では、いつごろから横浜中華街に、店員となるような新華僑が増えてきたのであろうか。

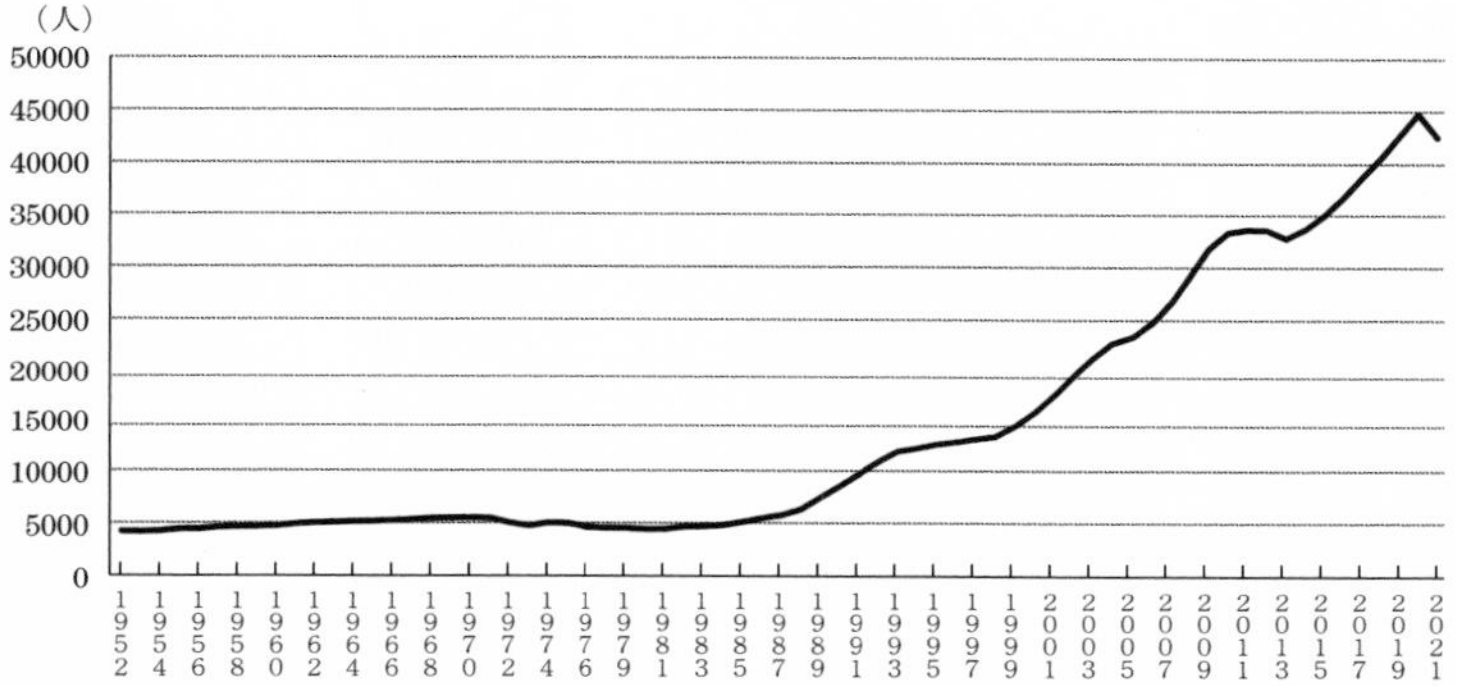

図7－8　横浜市在留中国人人口の推移（1952～2021年）　台湾籍を含む。横浜市統計書により作成

図7－8は、横浜市在留中国人人口の推移をグラフにしたものである。日中国交正常化が行われた一九七二年、横浜市在留中国人は五〇三七人であった。一九八〇年には四四一八人に減少したが、その要因は台湾籍住民の日本籍への帰化が増えたためで、在留中国人人口（大陸籍・台湾籍の両方を含む）は一時的に減少した。

日本では一九八三年、「留学生受け入れ一〇万人計画」が開始された。一方、中国では、一九八六年、政府は公民出境管理法を施行し、私的理由による中国人の出国を認めるようになった。これらを契機に、日本語学校や各種学校で学ぶための就学ビザを取得して来日する中国人が大幅に増加した（山下清海、二〇一九年、二八四～三〇一頁）。

一九八〇年代の中国と日本の経済格差は、きわめて大きかった。一九八六年末に中国の会社を辞め、来日したある新華僑は、現在、東京の池袋で旅行会社を経営している。来日後、日本語学校に通いながら新宿の喫茶店で、時給五〇〇円の皿洗いのバイトを始めた。その後、週末はもっと稼ぐために建設現場で働いた。日給一万円であった。その「日給」は彼が中国にいたときの「月給」の五カ月分にも相当した（山下清海、二〇一六年、三〇～三一頁）。

日本語学校で日本語を学ぶ中国人は、「就学」ビザを取得して来日した。「就学」ビザは、高校や各種学校などで学ぶ外国人の在留資格で、大学などで学ぶための「留学」ビザとは区別されていた（二〇一〇年以降、両者は「留学」ビザに一本化された）。一九八〇年代後半以降、「就学」ビザで来日した中国人就学生は、横浜中華街においても中国料理店などでアルバイトをするようになった。

一九八〇年代半ば以降、横浜市在留中国人の人口は急増し、一九九〇年には八四九二人、二〇〇〇年には一万五五二四人、二〇一〇年には三万三〇四七人となり、二〇二〇年には、四万四七六五人となった。そして二〇二一年三月末には、コロナ禍の影響で幾分減少に転じ、四万二六六六人（中国籍三万九九八〇人、台湾籍二六八六人）となっている。

横浜中華街でも、中国からの留学生・就学生がアルバイトに従事している姿が目立つようになった。一九八〇年代以降、バブル経済の下で、横浜中華街の店舗は、慢性的な人手不足の状況であった。しかし、八〇年代半ば以降は、中国大陸からの留学生・就学生が、中国料理店や中国物産店などの従業員として多数働いている姿が、目につくようになったのだ。そして、生《なま》の中国語会話や少したどたどしい日本語を多く耳にすることも以前より多くなり、横浜中華街ではいっそう「中国的雰囲気」が濃くなってきた。

中華街の中国料理店でアルバイトをするうちに、横浜に定着し、自分自身で中国料理店を経営したいという新華僑も徐々に現れるようになった。新華僑の増加は、横浜中華街の状況にも、しだいに大きな変化をもたらすようになってきた。

「横浜中華街は最近、少し歩きづらくなった」という感想をよく耳にする。新華僑が開業する中国料理店が増加するにつれ、しつこい客引きが目立つようになってきたというのだ。また、甘栗の強引な押し売りも目立つ。中華街来訪者から中華街発展会に苦情が寄せられることも増えたが、苦情の対象となる店舗は、中華街発展会に加盟していない非会員の店であった。中華街発展会は「不法な客引き・ビラ配り　栗の押し売りにはご注意ください」という看板を加賀町警察署と共同で作成し、街路に立てるようになった（図7－9）。しかし今も変わらず、横浜中華街ではどの通りでも、客引き行為が目立っている。

図7–9　来街者に注意を呼びかける看板（2013年）

また二〇一二年より、良い品質の甘栗を安心して買ってもらうために、甘栗販売の「優良栗販売店推奨制度」をスタートさせた。優良栗販売推奨店には「優良推奨プレート」が掲げられている。

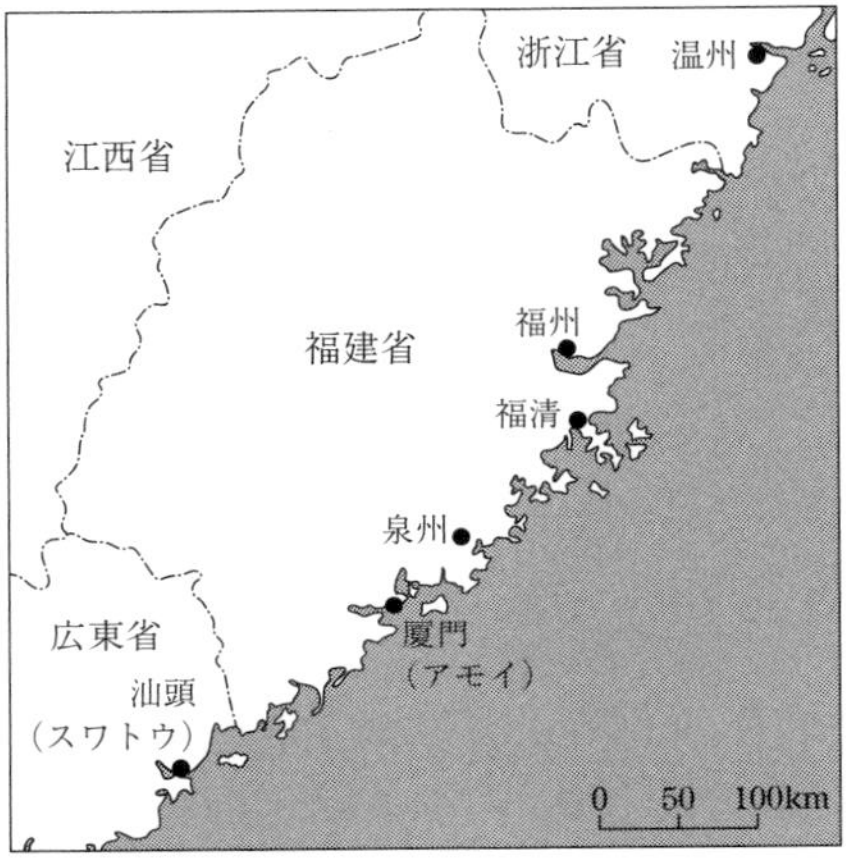

図7－10　福清市の位置　出典：山下清海（2016）

ハングリーな福清出身の新華僑

バブル経済の崩壊後、不況下で存在が目立つようになってきたのが、前述の新華僑経営の中国料理店である。新華僑の中でも、とりわけ福建省北部の福清地方出身者は、ハングリー精神が旺盛である。

日本の老華僑の中では、台湾人、広東人、上海およびその周辺の江蘇省・浙江省出身の三江人が主要なグループであった。これらに次ぐグループが福建人であった。福建人とはいえ、その大部分は福建省の福清地方（現在の福州市管轄下の福清市）出身者であった。福清からは、貧しい故郷を離れて日本へ出稼ぎにやってきた人たちが多かった。長崎ちゃんぽんの生みの親、陳平順《ちんへいじゅん》も一八九二（明治二五）年、福清から長崎にやってきた。

第二次世界大戦前、日本における福清人の主要な職業は、反物《たんもの》行商であった。全国の辺鄙《へんぴ》な農山漁村を歩き回って、反物（着物を仕立てる前の布地）を日本人に売り歩いた。そして戦後、各地に定住し、中国料理店や洋品店などを開業した。

老華僑の中でも、福清人は故郷への思いが強く、改革開放後、新華僑が日本に押し寄せてきた際には、同胞の福清人の身元保証人になる者も多く、福清出身の新華僑は増加した（山下清海編、二〇一四年〔特に「福建省福清の僑郷」の章参照〕）。

今日、横浜中華街への新華僑の進出が著しいが、なかでも福清人の存在が重要である。二〇一八年、中華街発展会の副理事長に、新華僑として初めて就任したのは、福清出身の余凱である。老華僑からの信頼も厚い余凱《よがい》は、老華僑と新華僑の架け橋の役割を期待されている。

余凱は中国の大学を卒業後まもなく、一九八八年（天安門事件の前年）に来日。カーペットの輸入・販売、不動産業で成功し、バブル経済崩壊後の不況下、横浜中華街の店舗を次々に購入した。中華街大通りに面する中国料理店「桂宮《けいきゅう》」も経営している。

横浜中華街で福建料理専門店といえば、「福満園《ふくまんえん》」が知られている。日本人にとって、中国料理と言えば、一般に広東料理、四川料理、上海料理、北京料理であり、福建料理は聞いたこともない、という人が多い。台湾海峡を挟んで福建省の対岸は台湾であり、海産物を用いた

図7–11　日本への「出稼ぎ」により新築された「出稼ぎ御殿」（福建省福清市高山鎮、2007年）

料理が多く、その南に隣接する広東の料理と同様、福建料理は薄味であっさりしており、日本人好みでもある。筆者にとっても、二年間のシンガポール留学中によく食べた福建料理は、好みの味である。ちなみに同国は、華人の約四割が福建人である。

「福満園グループ」のウェブサイトによれば、「福満園」を経営する山田聖一郎は、一九八八年、一七歳の時に福清から来日。日本語学校に通いながら東京の中国料理店などで働き、一九九二年から横浜中華街の牌楼近くの「大珍楼《だいちんろう》」で働いた。貧しい福清人は、老華僑の時代からハングリー精神が旺盛であったが、新華僑も同様であり、いずれは自分の店を開きたいと思いながら一生懸命働いた。

一九九五年、「福満園」の第一号店を横浜市中区松影町《まつかげちょう》で開業。松影町は横浜中華街の玄関口の一つであるJR石川町駅の西側にあり、簡易宿泊所が多い通称「寿町ドヤ街」に隣接している。翌一九九六年、日本国籍を取得し、陳聖芳から山田聖一郎に名前を変えた。二〇〇二年には横浜中華街の北門通りに「福満園本店」（四川・福建料理）を開業。その後、「福満園新館」（四川・上海料理）、「福満園別館　市場通り店」（四川・湖南料理）、そして「アツアツオーダー式食べ放題の錦臨門《きんりんもん》」のグループ店を横浜中華街内で展開した。一般の日本人にあまりなじみのない「福建料理」の看板は「本店」にのみ用い、他のグループ店では、四川料理・上海料理・湖南料理を組み合わせているのは、福清人としての横浜中華街での適応戦略と捉えることができる。

もう一つ、新華僑の福清人の横浜中華街でのバイタリティ溢れる行動の例を示しておきたい。

横浜中華街を巡り歩くうちに、誰もがあの目立つ看板を記憶するだろう、「中国料理世界チャンピオン」の店である。

陳祖《ちんそ》明《めい》（一九七〇年生まれ）も、一九八八年、一七歳で来日（古川猛編、二〇〇九年、三〇三〜三〇八頁／『朝日新聞』二〇〇五年一一月一四日夕刊などによる）。原宿の日本語学校に通いながら、夜は、横浜中華街で毎日バイトした。最初は皿洗いばかりだったが、しだいに料理も覚え、来日四年目の一九九二年に中国料理店を開業。二〇〇四年、横浜中華街に「皇朝《こうちょう》」一号店をオープンした。「中国料理世界チャンピオン」が看板の点心の店である（図7−12）。

図7-12　皇朝（長安道）（2008年）

日本では点心（中国料理の軽食）があまり普及していないと感じた陳祖明は、中国の最高の調理資格「特級点心師」を招いて「皇朝」を開いた。当時、横浜中華街の肉まんは二〇〇〜四〇〇円くらいであったが、小ぶりの肉まんを九〇円で販売。低単価を維持するために、店舗や仕入れの一元管理システムを導入し、安くておいしいと評判になった。二〇一七年には「王朝」（北京ダック専門店）をオープン（『横浜ウォーカー』二〇一八年二月二八日）。横浜中華街では、皇朝点心舗一号店、二号店、三号店のほかに王朝、皇朝中華街大通り店（テイクアウト北京ダック）、皇朝レストラン

（オーダー式食べ放題）を展開している。

職住分離の進展

私が修士論文の調査をしていた一九七〇年代半ばには、横浜中華街の中に中国姓の表札を掲げた住宅がまだ見られた。また、中国料理店の規模も小さく、一階が店舗、二階に経営者家族が住んでいる例が多く見られた（第5章図5－8）。さらに、経営者自らが料理を作るオーナーシェフが少なくなかった。

しかし、その後のバブル経済の勢いに乗って、中国料理店の増改築による大規模化が進み、また新規開店が増加するにつれ、横浜中華街では職住分離が進んだ。店舗のオーナーは横浜中華街の外に居住し、毎日、職場である横浜中華街に通ってくるようになった。

店舗の大型化が進むにつれ、大規模な中国料理店では、コックを台湾や香港、改革開放後は中国から招聘することが多くなった。また、多数の従業員の雇用も必要になった。しかし彼らが居住する場所も、中華街の外であった。中華街がある山下町にもマンションが多く建設されたが、家賃が高額のため、新華僑は外部から中華街に「通勤」してくるのである。

新華僑が多く住む吉田地区

長年にわたって日本テレビの人気番組「笑点」の司会者をつとめた落語家、桂歌丸《かつらうたまる》が横浜市内の遊郭で生まれ育ったことはよく知られている。一九五八年の売春防止法の施行で赤線地帯はなくなるが、桂歌丸の実家の廓《くるわ》は、その前の一九五二年に廃業した。桂歌丸は、一五歳で落語の世界に入るが、二二歳ころまでは遊郭をみていたという（横浜市建築局企画管理課編、一九八九年、一六七〜一六八頁）。

その遊郭とは、かつての吉田新田の中央部に位置していた永真《えいしん》遊郭（現在の横浜市南区真金町）である。ＪＲ関内駅からイセザキ・モール（伊勢佐木町一丁目・二丁目）および伊勢佐木町商店街（伊勢佐木町三丁目〜七丁目）と並行に南に続く大通り公園に隣接する場所だ。横浜橋通商店街は、現在の真金町の西端に位置しており、桂歌丸は横浜橋通商店街協同組合の名誉顧問も務めていた。

アーケードのある横浜橋通商店街は、そのキャッチフレーズが「いきな下町　横浜橋」であるように、庶民的な商店街である。日本人だけでなくコリアンが経営する店舗も多かったが、一九九〇年代以降、中国の改革開放後、福建省の福清に加えて東北地方（旧満州）出身の新華僑が、横浜橋通商店街に近く、比較的家賃の安い黄金町とその周辺に居住するようになってきた。このため、横浜橋通商店街にも新華僑を対象にした店舗や新華僑の買い物客が目立つようになった。

横浜橋通商店街周辺に居住する新華僑の中には、横浜中華街にある中国料理店やその他の店舗で働いている者が多い。ここから横浜中華街までは二キロメートルあまりで、自転車あるいは徒歩でも「通勤」可能距離である。

最近では、日本在留の長期化に伴い、家族を中国から呼び寄せる新華僑も増え、子どもが周辺

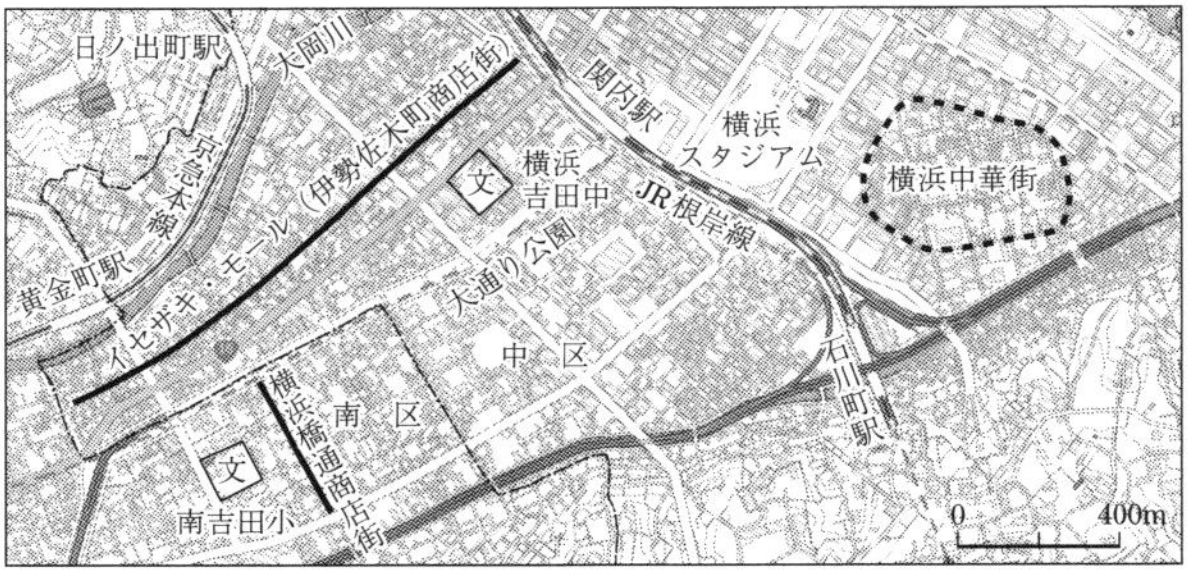

図７－13　吉田地区と横浜中華街　出典：国土地理院地図をもとに作成

の横浜市立の小中学校に多数通うようになった。特に桂歌丸の出身校でもある横浜市立南吉田小学校（横浜市南区高根町）は、二〇一九年、全校児童七二九人中、外国籍をもつ子が二二五人、日本国籍で両親どちらかが外国人という子が一八八人であった。半数以上の五七パーセントが「外国につながる児童」なのだ（「（現場へ！　人の減る国：5　多国籍の教室、希望の歌声」『朝日新聞』二〇一九年七月二六日夕刊）。なかでも全生徒の半数は中国系が占めている。

南吉田小学校を卒業した生徒の多くは、ＪＲ関内駅に近く、これまた桂歌丸の出身校である横浜吉田中学校（横浜市中区羽衣町）に進む。周辺にはタワーマンションも多く、富裕層の住民も少なくない地域でもある。

近年、横浜駅西口周辺やみなとみらい21地区の商業施設が繁栄するのに伴い、イセザキ・モールや伊勢佐木町商店街は衰退傾向にあり、閉業する店舗もしだいに増えている。ということは、逆にテナント料が安くなり、新華僑の進出を促す結果となっている。とくにＪＲ関内駅に近いイセザキ・モール（伊勢佐木町一、二丁目）よりも、駅から離れた伊勢佐木町商店街（同三〜七丁目）に新華僑が経営する中国料理店や中国整体院などが進出している。これら新華僑の目標は、伊勢佐木町で頑張って働いて資金を稼ぎ、横浜中華街に自分の店を構えることである。

横浜中華街は、当然ながら周辺の他の地域と相互に関係しながら成り立っている。前述したように、横浜中華街の店舗で働く新華僑たちは吉田地区に多く住み、子どもたちには、横浜中華街の中華学校に通う者だけでなく、家の近くの小学校、中学校で日本式の教育を受ける者も多い。新華僑の子どもたち向けの塾もある。

図7-14　横浜橋通商店街にある新華僑経営の中国東北料理店（2019年）

放課後、横浜中華街の山下町小公園には、新華僑の子どもたちが遊ぶ姿がみられる。友だちとの会話は、中国語と日本語のチャンポンである。横浜中華街は、周辺地域と関わりあいながら成立し、変容を続けている街なのである。

第八章
多様化と急変——変わり続ける街

1　多様化が進む横浜中華街

バブル経済崩壊後の変容——新華僑の開業の増加

第六章で述べた通り一九八〇年代は、バブル経済の勢いで、横浜中華街も繁栄し、高価格のコース料理を注文する客も少なくなかった。中華街の地価も高騰し、銀行は華僑の店主への融資に積極的で、多くの中国料理店は改築され、規模の拡大が進んだ。

しかし一九九一年頃から、高騰していた株価や地価が急落し、バブル経済の崩壊が始まり、その影響は中華街にも及んだ。横浜中華街の来訪者数が大幅に減少したというわけではない。週末の中華街は、以前と同様、大勢の人出でにぎわっていた。しかしバブル経済崩壊後、中華街に来訪する客の一人当たりの消費額は大幅に減少した。客はしだいに低価格の料理を注文するようになり、店同士は安売り合戦の状況に陥っていった。このような状況の変化は、新参組の新華僑にとってチャンスになった。新華僑は、バブル経済の崩壊で閉業に追い込まれた店舗を次々に借り受け、中国料理店を開業していったのだ。

営業時間をみると、老華僑経営の中国料理店の場合、朝一一時半開店、二二時閉店（ラストオーダー二一時）という例が多かった。一方、ハングリー精神が強い新華僑の中国料理店の営業時

図8−1 「馬さんの店 龍仙」。店のシンボル的存在であった馬玉清さん（馬爺さん）（2006年）（上）と龍仙粥（2021年）（下）

間は長く、朝一〇時あるいは一一時に開店し、なかには閉店が深夜〇時半（週末は一時半）という店もある。

メディアで紹介されることも多い、長安道に面する「馬《マー》さんの店　龍仙《りゅうせん》」（図8－1）。上海出身の経営者、馬双喜《マーソアンシイ》（一九六〇年生まれ）は、一九八九年、就学ビザで来日した新華僑である。一九九一年の正月、初めて横浜中華街を訪れた際に、ここで店を開こうと決心したという。そして一九九五年に空き店舗を見つけて、長安道に念願の中国料理店を開業。しかし、家賃が高いうえに売り上げは低迷した。そこで思い切って朝七時に開店し、深夜三時まで営業を続けた（「午前一〇時　横浜中華街　異国で花咲いた朝一番店」『朝日新聞』二〇一〇年四月一三日夕刊）。その後、馬双喜は、中華街の中に「馬さんの点心坊」（焼売、餃子などの点心の土産店）、「馬クッキングスクール」（中国の麺や点心などの料理教室）も開業するなど、成功を収めた。

ちなみに横浜中華街で早朝から営業していた老華僑経営の中国料理店もあった。中華粥やシューマイで有名な「安記《あんき》」である。「安記」が横浜中華街で開業したのは一九三二（昭和七）年。当時の客は船員が多かったため、朝五時に開店したという（『豆彩』編集部編、二〇一八年、五三頁）。一九八四年時点で、「安記」の開店は朝八時であった（神奈川新聞社編集局編、一九八五年）。

中華街が抱える問題点

「馬さんの店」のような新華僑による店舗は次々と開業していった。しかし、そのような新しい活力が入る一方で、時代の変化で横浜中華街には多くの問題が出てきた。その点について述べておこう。

・老華僑の店で増える閉業

後ほど述べるが、二〇〇四年、みなとみらい（ＭＭ）線が開通し、東横線と相互直通運転が始まり、東京方面からの横浜中華街来訪者数は増加した。しかし、その中で多くを占める若者たちの中には、ＳＮＳなどで評判の肉まんや焼き小籠包、タピオカドリンクなどを食べ歩くか、新華僑経営の食べ放題の安価な店を利用する者が多かった。

このような安売り合戦で、閉業する老舗中国料理店も増えていった。前述したように、二〇一一年には、中華街大通りのシンボル的存在の一つであった「安楽園」が閉業した。

老華僑の中国料理店の閉業の理由には、以前に比べ利益が大幅に減少したことがあげられる。また、これと関連しているが、後継者難という理由も多い。

中国料理店の創業者は、自らが包丁を握るオーナーシェフが多かった。しかし経営規模の拡大とともに香港、台湾、中国大陸からコックをリクルートし、自らは経営に専念するという例が多くなっていった。

第六章でも述べたが、経営者の子息についても、中国料理業とは関係のない民間会社に勤める人も多い。そのような時、以前は経営が順調であれば「そろそろ会社を辞めて、店を手伝ってくれないか」と父親から声がかかり、後継ぎになるというパターンが多かった。しかし、「店の経営自体が思わしくなく、競争が激しい状況では、子どもに店の後継者になってくれとは言えない。苦労するのが目に見えているから」ということで、中国料理店を開業したいという新華僑に店を貸し、テナント収入で老後を暮らす選択をする老華僑が多くなったのだ。

・増えるマナー違反

新華僑の増加により新たな問題も見られるようになってきた。公共マナーに対する日本と中国との差異である。横浜中華街でも、新華僑がゴミ出しのマナーを守らないというトラブルが起きている。特に中国料理店の事業系のゴミを、家庭用ゴミ集積所に不法投棄する違反が多い。

横浜中華街では、新華僑経営の店舗が増えるだけでなく、老華僑の店で働く新華僑も増加している。これを反映して、中華街の中に新華僑向けの生鮮食料品や魚介類を取り扱う店舗が増えてきた。中国語の表記が多く、日本人経営の店では扱っていない中国人が好む中国野菜や太刀魚《たちうお》（中国語では「帯魚《ダイユイ》」という）などの海産物、食品を買うことができる。中華街での仕事を終えた新華僑が、これらの店で中国食料品を購入して帰宅するのである。

新華僑経営の食料品店の中には、歩道上に商品を並べたり、段ボールを積み上げたりしている例もある。このような店舗は、中華街発展会に加入していない。この状況は、現在も大きな改善は見られない。二〇二一年七月、私が中華街を訪れた際にも、このような店舗に対し、警察官が注意していた。

チャイハネの開業と南門シルクロード

横浜中華街は、もともと華僑と日本人が共存する町であった。それが一九七二年の日中国交正常化を契機に中国ブームが起こり、中国料理店、中国食料品・物産店、中国民芸品店など中国関係の店舗が増加し、今日の「横浜中華街」イメージが形成されていった。

中国色一辺倒のまちづくりが進む中で、やや性格の異なる店舗が、一九七八年、横浜中華街に進出した。トルコ語で「寄り合い茶屋」を意味する店名のエスニック雑貨店「チャイハネ」である。チャイハネのコンセプトは、「インドやネパールを中心とした雑貨と衣料を、暮らしの中に取り入れてもらおう」というものであった（横浜中華街発展会協同組合監修、二〇〇五年）。

筆者は、横浜中華街にチャイハネを創業した人がどんな人物であったのか、興味をもって調べてみた。

チャイハネの創設者、進藤幸彦（一九三九〜二〇一六年）は、民俗学を学ぶため東京教育大学（筑波大学の前身）文学部史学方法論専攻に進み、一九六五年に卒業した（筆者が地理学を学ぶために、東京教育大学理学部地理学専攻を選んだのと共通するところがある。私自身も文学部の教室に行って、史学方法論の民俗学に関する講義を受講した）。進藤は大学卒業後、東京の本郷高校の教諭を七年間勤め、この間、一九六九、七〇年にトルコ政府給付生としてトルコにおいて民族芸能の研究

図8-2　南門シルクロードの「チャイハネ　パート1」（2018年）

を行った。一九七三年、高校教諭をやめた後、海外の民芸品などを扱う輸入会社の勤務を経て、自らエスニック雑貨店「チャイハネ」を、一九七八年に現在の南門シルクロードに創業したのである。進藤によれば、この場所は横浜中華街の中でも元町がすぐそばにあり、「シルクロードのような西域的な文化を展開するには一番いいと思ったのです。しかも寂《さび》れているから、家賃も安い」。なお今日の南門シルクロードという街路名は、シルクロード地帯の商品を扱うチャイハネがあったからこそ命名されたものである（横浜商科大学編、二〇〇九年、一八九〜二〇六頁／『豆彩』編集部編、二〇一八年、二二頁）。

チャイハネが開業する以前の南門シルクロードは、外国人居留地時代は本村《ほんむら》通りと呼ばれ、その後、南門通りとなったが、中国料理店などは少なく横浜中華街の裏通り的な道であった。西洋的でハイカラなイメージをもつ元町から、前田橋を渡り、南門（現・朱雀門）をくぐると南門通りとなり、いよいよ東洋的な中華街に入っていく。西洋と東洋を結ぶのがシルクロード。南門通りが南門シルクロードと呼ばれるように至った「理屈」がここにある。

開店二年後、「チャイハネ」は人気となった。その追い風となったのが、すでに述べた一九八〇年四月から一年間放送された「NHK特集　シルクロード」によるシルクロード・ブームであった。その後、チャイハネは全国各地に六〇以上の店舗を展開している（二〇二一年現在）。南門シルクロードに「パート1」（図8－2）および「パート2」の二店舗を構えるチャイハネに対して、同業種のマライカ中華街店が二〇〇九年に進出し、シルクロード的雰囲気をさらに高めている。

非中国的店舗の進出——占い店の急増

近年、横浜中華街を訪れるたびに感じるのは、占い店の増加である。いったいいつごろから占い店が増えてきたのだろうか。中華街発展会は毎年、「横浜中華街ガイドマップ」を発行している。過去にさかのぼって調べてみると、二〇〇三年版に「その他」のジャンルで、「占いやかた」の本店、三号店、四号店の三軒が記載されている。独立した「占い」ジャンルが出てくるのが二〇一一年版で、八軒が記載されている。二〇二一年版の「占い」には一六軒が記載されている。これらの占い店は中華街発展会の会員であり、このほかに非会員の占い店も少なくない。

では、中華街なのに、どうして占い店が多くなったのだろうか。

「中華街の女仙《じょせん》」（「女仙」・「仙女」は女性の仙人の意）と呼ばれた人がいた。山縣由布《やまがたゆう》（一九二七～二〇一〇年）である（山縣由布、二〇〇九年）。一九九一年頃に日本のバブル経済も終焉し、繁栄

図8–3　占い店「福運閣」（現・縁占館）（2014年）

を見せていた横浜中華街も不況で空き店舗が増えてきた頃であった。日光の江戸村で占い師をしていた山縣は、一九九五年、横浜中華街で二坪の場所を借り、占い店を始めた。山縣によれば、占い業は一坪の場所さえあれば成立し、必要なのは一つの机とイス三脚、そして占い師。ここで、手相一律一〇〇〇円で始めた。

二〇〇五年に「鳳《ほう》占やかた」を設立。その後、横浜中華街の中の横浜バザール、チャイナスクエアなどに新店舗を開業した。さらに占い師を養成する「みかど学院」を市場通りに設立した。

ここで、占い店急増の要因を考えてみよう。まず設備投資費用がわずかで、店舗スペースも狭くても大丈夫であること。次にバブル崩壊後、中華街に空き店舗が増えたが、そこに占い店が入るケースが増加したこと。つまり店舗が閉店した後、新たな入居を待つ一時的な期間でも、占い店であれば即座に開店することができ、新たな店舗の入居が決まれば、直ちに立ち退くことも難しくはないのである。

横浜中華街は、今や占いの激戦区となった。そして訪れたら、ついでに占ってもらおうという流れが、特に若い人たちの間で定着してきている。

先に述べたように、中華街発展会作成の「横浜中華街ガイドマップ」二〇二一年版に記載されている一六軒の占い店をみると、大きく三つのグループからなることがわかる。一つは前述の「鳳占やかた」（四軒）である。同業者の「愛梨《あいりー》占い館」も横浜中華街内に三店舗をかまえ、ウェブサイトでは「日本最大級の占い館」を謳っている。南門シルクロードにある愛梨本店カモメ館には、一二人の占い師（鑑定士）が顔写真付きで紹介されている。「鳳占やかた」および「愛梨占い館」ともに料金設定はほぼ同じである。手相鑑定が一一〇〇円（七分間）、タロット・算命学・四柱推命・気学・西洋占星術が各三三〇〇円である。両グループより低料金なのが「縁占館」で、横浜中華街に四店舗あり、手相占い五〇〇円（税別）からをアピールしている。

占い店の客は、日本人の若い女性が多く、占い師も基本的に日本人である。中華街と占い店との直接的な関係は乏しく、この占いブームがいつまで続くかはわからないが、横浜中華街を訪れた際に占い店にも立ち寄るというのが、若者の間で流行っている。インターネット上では、関帝廟や媽祖廟は横浜中華街のパワースポットであると書かれ、横浜中華街の中にある占い館で、どこが当たるかというランキングなどが評判になっている。

二〇二〇年以降、コロナ禍の影響で、横浜中華街の来訪者が大幅に減少し、倒産に追い込まれる店舗も増えていった。このような状況下で、新たに飲食店を開業しようとする例は減少したが、占い店の開業は勢いが衰えない。

図8-4　すしざんまい横浜中華街東門店（2020年）

横浜中華街発展会の高橋伸昌理事長は、横浜中華街に占い店が多い理由について、私に次のように説明した。

　横浜中華街には一〇基の牌楼があり、関帝廟、媽祖廟もあります。横浜中華街は「風水思想で守られた街」です。風水思想と占いは、つながっているとみなされているようです。中華街と占いの組み合わせは、今の時代に合っているのかもしれません。

占い以外の店も増えている

このほか横浜中華街には、これまでなかったような「非中国的」な店舗が増加している。

二〇〇四年、お笑いで有名な吉本興業のプロデュースにより、中華街大通り沿いに「よしもとおもしろ水族館」が開館した。二〇一三年に「ヨコハマおもしろ水族館」と改称し、約四〇〇種、一万匹の魚が展示された（しかし二〇二一年一一月二三日に閉館した）。また二〇一一年三月には、「すしざんまい　横浜中華街東門店」が進出した（オープンして一週間後、東日本大震災が起こった）（図８－４）。「二四時間 年中無休」が「すしざんまい」のウリで、近隣のオフィスに勤めるビジネスマンや海外からの観光客などもターゲットに、中華街大通りに進出したのだ。もともとこの場所には、いかにも中華街らしい中国食品・民芸品の販売店「萬順行《まんじゅんこう》」があった。

中華街大通りへの「すしざんまい」の進出に対して、聘珍樓社長（当時）の林兼正は「中華街には、昔からすし屋が何店か営業しているので、さほど違和感はありません」と述べている（林兼正、二〇一四年、九六頁）。

海外の各地のチャイナタウンを見ていると、横浜中華街におけるこうした中国料理店以外の店の増加は、至極当然といえる現象である。チャイナタウンは華僑が形成したエスニックタウンであるが、時間とともに変容していく。海外各地のチャイナタウンは、どこも多文化、多国籍化が進んでいる。新たな移民やホスト社会（移民にとって受け入れる側の社会）の資本などが流入し、変容を続けていくのだ。

2　急変する横浜中華街

みなとみらい線開通に伴う変容

二〇〇四年二月、横浜中華街関係者が待望した横浜高速鉄道みなとみらい線が開通した。横浜駅から元町・中華街駅まで、全線が地下区間である。同線は横浜駅で東急東横線と相互直通運転を行うため、渋谷〜元町・中華街間が最短三五分（特急）で結ばれることになった。

開通前から、横浜中華街周辺では、高層マンションの建設ラッシュとなった。みなとみらい線の終点の駅名は、計画段階では「元町」であった。これに対して横浜中華街側は、横浜中華街発展会を中心に、駅名を「中華街」に、もしくは譲歩して「元町・中華街」とするよう横浜市や、元町ショッピングストリートの協同組合元町SS会などに要望した。

二〇〇二年の横浜市長選で中田宏が当選し、「中華街ファンを自称する中田さんは、「全国に名の通った中華街が駅名に入ると、MM線（引用者注：みなとみらい線）の業績アップにもなる」という発展会の主張に賛同し」、正式駅名が「元町・中華街駅」に決定した（林兼正、二〇一〇年、七五〜七七頁）。横浜中華街の最寄りの駅名に「中華街」の名称が加わったことは、横浜中華街にとって大きなプラスとなった。

みなとみらい線開通により、渋谷から横浜中華街へのアクセスも便利になり、若者の来訪者が増加した。これを反映して、前述のように肉まん・あんまん、焼き小籠包などの立ち食い、食べ歩きの店が増加した。

「元町・中華街」駅ができて以降、横浜中華街の最寄り駅は、それまでのJR石川町駅から、みなとみらい線元町・中華街駅に代わった。みなとみらい線開通の前年、二〇〇三年には、横浜中華街インフォメーションセンター「ChinaTown 80」が朝陽門に近い、中華街大通りと南門シルクロードの交差点近くに開設された。ChinaTown 80では、横浜中華街ガイドマップ（横浜中華街発展会協同組合発行）や関帝廟、媽祖廟、各店舗のパンフレットなどを無料で入手することができる。また、同所には公衆トイレ（洗手亭2号）が付設されている。

横浜中華街の来訪者にとって、地下の元町・中華街駅から地上に出て、朝陽門（旧東門）からChinaTown 80の前を通って、中華街大通りへ進むのが主要なルートとなった。このため、ＪＲ石川町駅から延平門（西門）、善隣門へと続く西門通りでは、従来のにぎやかさにかげりが見えるようになった。

二〇一三年三月には、みなとみらい線は、それまでの東急東横線に加えて、東京メトロ副都心線との相互直通運転を開始した。この結果、埼玉県からも横浜中華街へのアクセスが大幅に改善されることになった。副都心線は東武東上線、西武有楽町線・西武池袋線・西武秩父線との直通運転も行っており、副都心線・東横線を介してみなとみらい線まで一本で結ばれ、相互直通運転が行われるようになった。

エスカレートする食べ放題の店

新華僑経営の中国料理店が増加する中で、店舗間の競争も激化していった。新装開店した中国料理店の中には、できるだけ多くの客を呼び込もうと他店と競い合う低価格の「食べ放題」戦略を採用する店も多かった。

日本では、一般に「食べ放題」というと、ビュッフェ・サービスを思い浮かべる人が多いだろう。ホテルの朝食でよくみられる、客が自分の好きなものを自由に取って客席に戻るスタイルである。しかし横浜中華街で多く見られる食べ放題は、決められたメニューから好きなものを注文して料理してもらうオーダー式バイキングである。この方式では、価格の高いコースほど、選択できるメニューが多くなる。

一九九九年四月二三日、私のフィールドノートには、次のように記されている。

バブル崩壊後、食べ放題バイキングの店が増えた。善隣門に近い長安道の中国料理店「海王」の食べ放題メニューをみると、Aコース　二五〇〇円、Bコース　三五〇〇円、Cコース　四五〇〇円（制限時間　二時間）となっている。

市場通りの「酔龍」の食べ放題コースは一九八〇円。

オーダーバイキングの店が増える中で、低価格競争が激しくなってきた。二〇〇〇円以下の派手な看板を掲げる店が目立つ。図８－５の店では、一四六品の料理から選択可能で、二時間食べ放題で一六八〇円、アルコール飲み放題を付けるとプラス九八〇円というのがセールスポイントになっている。

私は、フィールドワークのトレーニングで横浜中華街を訪れた際には、必ずオーダーバイキングの中国料理店で打ち上げを行うことにしている。オーダーバイキングということで、学生たちは急いでいろいろな料理を注文するが、焼き餃子、炒飯、焼きそば、麻婆豆腐、エビチリ、青椒《チンジャオ》肉絲《ロースー》、酢豚、杏仁豆腐など、いずれも一般の中国料理店でも食べられるものばかりである。私が注文した水餃子、ピータン豆腐、三種前菜盛り合わせ、台湾腸詰、エビとカシューナッツ炒めなどは、学生の箸はあまり進まないようである。

図8–5 「食べ放題　1680円」の店のメニュー看板（2020年）

オーダーバイキングのメニューの中には北京ダックもあることが少なくないが、生まれて初めて口にする学生が多い。小麦粉を練って薄く延ばして焼いたクレープ状のもので包む食べ方も珍しく、北京ダックの評判はなかなかよい。しかし、筆者は「これが北京ダックとは思わないでほしい」と、学生に言いたいのを我慢している。北京ダック（中国名「北京烤鴨《ペイチンカオヤー》」）は、普通の家鴨《あひる》ではなく、北京ダック用の改良種を用いている。明の時代、北京ダックは宮廷の高級料理であった。日本人が観光ツアーで北京に行った場合、必ず「全聚《ぜんしゅ》徳《とく》」など有名な北京ダック専門店で、「正統」な北京ダックを味わう。それが、安価で食べ放題のオーダー

表８－１　横浜中華街の主な年間行事

1/25 ～ 2/8（2020年の場合）	旧暦元旦	**春節**	旧暦大晦日、春節カウントダウン。「採青」（獅子舞）。祝舞遊行（祝賀パレード）、元宵節燈籠祭
3/20または3/21（2019年、2018年は3/21）		**媽祖祭**	媽祖廟の開廟祝い。媽祖の神輿巡行、獅子舞、龍舞、中国舞踊などのパレード
6/25（2020年の場合）	旧暦５月５日	**端午節**	各店舗で粽（ちまき）の販売
8/13（2020年の場合）	旧暦６月24日	**関帝誕**	関羽の誕生祝。関羽の神輿巡行、関平将軍ら将軍組、獅子舞、龍舞などのパレード
10/1	旧暦８月15日	**中秋節**	各店舗で月餅の販売
10/1		**国慶節**	パレード、獅子舞、龍舞
10/10		**双十節**	パレード、獅子舞、龍舞
11/1 ～ 11/30		**美食節**	横浜中華街フードフェスティバル 11/1、点灯式
11/1 ～翌年3/31		**春節燈花**	光のプロムナード。中華街内は提灯など華やかなイルミネーションで飾られる。
12/31		**迎春カウントダウン**	関帝廟、媽祖廟で獅子舞

バイキングのメニューに入ってしまっているのである。

年間を通してのイベント開催

横浜中華街のおもな伝統的イベントは、一〇月一日の国慶節、一〇月一〇日の双十節、そして旧正月の春節であった。それが今や、一年を通して何らかのイベントが開催されている。表８－１は、横浜中華街の主な年間行事をまとめたものである。

春節は、日本では旧正月と呼ばれるが、旧暦元旦は、おおむね一月後半から二月前半に当たる。中国や東南アジアの華人社会では、春節は一年を通してもっとも重要な祝祭日である。横浜中華街でも獅子舞、龍舞など祝舞遊行（祝賀パレード）が中華街を練り歩く。

横浜中華街の媽祖廟は、二〇〇六年三月に開廟したが、それを記念して、毎年三月二一日（または三月二〇日）に媽祖祭が開催されるようになった（口絵写真参照）。当日の午前中に、媽祖廟で新生児成長祈願の祈禱が行われ、午後からは、媽祖を乗せた神輿のほか、中国舞踊、獅子舞・龍舞などが中華街を練り歩く神輿巡行（パレード）が行われる。

図8-6　関帝誕の獅子舞と巡行（2019年7月26日）　中華街大通りを巡行する関羽の側近とされる周倉（前）と開平（後）

旧暦五月五日の端午節と旧暦八月一五日の中秋節は、春節と並んで中国三大伝統節句のひとつである。端午節にはちまきが、中秋節には月餅《げっぺい》が多くの店で販売される。

旧暦六月二四日は、関聖帝君《かんせいていくん》（関羽）の誕生日で、関帝廟内で拝神儀式が行われた後、横浜中華街内で関羽の神輿巡行、関平《かんぺい》将軍ら将軍組、獅子舞、龍舞などのパレードが、中華街の中を練り歩く（図8-6）。新暦一〇月一日の国慶節と一〇月一〇日の双十節は、すでに述べたとおりである。

以上、紹介してきた宗教や歴史にもとづく伝統的なイベントと比べ、比較的現代的なイベントととらえられるのが、美食節と春節燈花である。美食節は、十一月一日から三〇日までの一カ月間行われる横浜中華街のフードフェスティバルである。期間中、横浜中華街の各店や催事会場にて、中国食文化の魅力を体感できる多彩なイベントやフェアが繰り広げられる。春節燈花は二〇〇三年から開催されており、旧正月「春節」に向け、イルミネーションでお祝いムードを演出するものである（口絵写真参照）。

一年を通して各種イベントを開催するのは、横浜中華街へ繰り返し来訪するリピーター客への期待が大きいからである。実際、横浜中華街の継続的な繁栄を支えてきたのは、そのようなリピーター客、固定客、横浜中華街ファンであった。

発展会の会員からみる業種構成の推移

横浜中華街の店舗や景観をみても、近年、大きく変化してきたことは明らかである。しかし、このことを計量的にみていくために必要な、横浜中華街の業種別の店舗数やその経年変化などに関する統計はない。このような状況下では、横浜中華街発展会会員の会員数および会員の業種別構成は重要な資料となる。

横浜中華街発展会は、毎年「横浜中華街ガイドマップ」を作成している。これは発展会による横浜中華街案内所であるChinaTown 80や会員の店舗などで無料配布されているものだ。私が入手したものでもっとも古いものは、一九九二年に作成されたものである。当時は「横浜中華街案内図」という名称のA３判のもので、今日のようなA２判ではなかった。また業種別の分類もまだされておらず、地図の裏面には中華街大通り、北門通りなど、通り別に店舗名が列記され、「広東」、「上海」、「中華菓子」、「中国物産」というように業種や料理の地方が添え書きされていた。

表８－２　横浜中華街発展会の業種別会員構成の推移

業種	1992年	2000年	2010年	2021年
中国料理注)	101	142	141	165
中国菓子注)・みやげ	8	26	29	30
中華食品・中国茶	17	32	24	17
衣類・雑貨・工芸	23	40	55	36
レストラン・バー・カラオケ・和食	6	24	11	17
観光・エンターテインメント・廟	－	－	－	17
ホテル	2	14	4	7
喫茶・ベーカリー	9	9	9	22
生鮮食品	5	9	7	4
占い	－	－	－	16
リラクゼーション	－	－	－	10
駐車場	4	8	7	6
その他	33	53	53	52
計	208	357	340	399

注）原資料では「中華料理」「菓子」となっている。
出典：「横浜中華街ガイドマップ」（各年版）により筆者作成

表８－２は、一九九二年、二〇〇〇年、二〇一〇年、そして最新の二〇二一年の「横浜中華街ガイドマップ（横浜中華街案内図）」をもとに、横浜中華街の店舗等の業種別の推移を表にまとめたものである。各時点で、業種分類が若干異なり、「占い」、「リラクゼーション」（整体・マッサージなど）などのようにもともとは「その他」に分類されていたが、その後独立した分類項目になったものもある。

この表をみると、「中国料理」の

店舗数は、一九九二年から二〇〇〇年は、四一軒も増加しているが、二〇一〇年は二〇〇〇年とほぼ同数である。「横浜中華街ガイドマップ」は発展会が作成したものであり、掲載されている店舗は発展会の会員に限定されている。このため、非会員の中国料理店は掲載されておらず、二〇〇〇年から二〇一〇年にかけての、横浜中華街の中国料理店の増加は、この表には反映されていないのである。二〇二一年の「中国料理」は一六五軒に増加し、そのうち、二〇軒が「食べ放題」の項目に分類されている。新華僑経営の店舗の中にも、発展会の活動を理解し加入する例が増えているのだ。二〇二一年時点で、横浜中華街の発展会加入の店舗等は三九九軒であった。では、発展会に加入していない店舗も含めて、横浜中華街には何軒の店舗があるのだろうか。

開店間もない新華僑経営の中国料理店の中には、発展会に加盟していない店舗が少なくない。そこで、立正大学地球環境科学部地理学科の私が担当するゼミの三年生一四人と、二〇二一年七月初旬、二日間にわたって、横浜中華街で景観の観察や業種別店舗の調査などを行う人文地理学的なフィールドワークを実施した。

前述の「横浜中華街ガイドマップ」の地図の中には店舗に番号がふられ、裏面には、業種分類ごとに店舗が示されており、非常に重要なガイドマップになっている。ただし、前述の通り「横浜中華街ガイドマップ」には、発展会に加盟していない店舗は示されていない。このため、横浜中華街には、いったい何軒の店舗があり、そのうち中国料理店は何軒なのかということは公には明らかになっていない。

私たちは「横浜中華街ガイドマップ二〇二一年」をベースマップとして用い、非加盟店の数も確認する調査を行った。その結果をまとめたものが、表8－3である。

「横浜中華街ガイドマップ二〇二一年」の調査範囲内には、三九七店舗が記載されていた。しかしながら、私たちの調査によれば、総店舗数は五七三軒で、そのうち発展会の加盟店が三八六軒、非加盟店は一八七軒であった。加盟店のうち一一軒は閉店（休業は含まない）していた。閉店のおもな要因は、コロナ禍による来客数の大幅な減少と思われる。

また、中国料理店（「中国料理」および「食べ放題」の合計）は、非加盟店（四六軒）も含めて二〇八軒で

表8－3　横浜中華街における業種別店舗数（2021年7月調査）

業種	加盟店	加盟店のうち閉店	非加盟店	計[注1]
中国料理[注2]	142	3	43	182
食べ放題	23	0	3	26
菓子・みやげ	30	1	6	35
中国食品[注2]・中国茶	17	0	7	24
衣類・雑貨・工芸	36	0	13	49
レストラン・バー・カラオケ・和食	17	0	26	43
観光・エンターテインメント・廟	17	2	2	17
ホテル	5	0	8	13
喫茶・ベーカリー	22	0	14	36
生鮮食品	4	0	6	10
占い	16	0	14	30
リラクゼーション	10	0	3	13
駐車場	6	0	6	12
その他	52	5	36	83
計	397[注3]	11	187	573

注1）加盟店（閉店を除く）および非加盟店の合計
注2）原資料では「中華料理」「中華食品」となっている
注3）ガイドマップ範囲外の2店は除く

出典：「横浜中華街ガイドマップ」（2021年版）をもとに筆者作成

あった。なお、「食べ放題」とは中国料理店のうち、特に食べ放題コースに特化した店舗のことである。そのほか中華街的な業種をみると、「中国菓子・みやげ」三五軒、「中国食品・中国茶」二四軒などとなっている。注目されるのは、三〇軒もある「占い」である。先に述べたように、占い店の開業は、設備投資が少なくてすみ、閉店した店舗の跡に、速やかに占い店が開業される例が多くみられる。コロナ禍が収束した後、横浜中華街の業種別店舗構成がどのように変化していくかが注目される。

III

世界に誇れるチャイナタウン——未来に向かって

第九章
日本の中の横浜中華街

1　日本三大中華街のひとつ、横浜中華街

日本三大中華街

中国の改革開放政策に伴い、一九八〇年代末ころから多数の新華僑が来日するようになるまで、日本において中華街が形成されてきたのは、横浜・神戸・長崎の三都市である。これらの中華街は、それぞれ横浜中華街（横浜市中区山下町）、南京町（神戸市中央区元町通、栄町通の一丁目、二丁目）、長崎新地中華街（長崎市新地町）という公式名称を有し、あわせて日本三大中華街と呼ばれる。これらのうち、横浜中華街は日本最大の中華街である。

日本三大中華街には、共通した特色がある。横浜、神戸、長崎は、いずれも一八五八（安政

五）年に調印された日米修好通商条約により開港され、欧米および中国との貿易港として栄えた。いずれの中華街も、中国料理店が集積し、それぞれの地域において重要な観光地となっている。日本三大中華街を訪れる人は、華僑よりも日本人が圧倒的に多いところが、東南アジアや欧米の大多数のチャイナタウンと異なる大きな特色と言えよう。中国文化（とりわけ食文化）の伝統を、観光資源として積極的に活用したこれらの中華街は、日本人が抱いてきた中国イメージを具現化した街なのである。

では、まず神戸の南京町および長崎新地中華街の特色をみていくことにしよう。それらとの比較を通して、横浜中華街の特色も見えてくるだろう。

神戸の南京町の歴史的背景

一般に「神戸南京町」とも呼ばれることが多い神戸の中華街は、公式には「南京町」と称する。もともと横浜や神戸の日本人は、華僑が多い地区を中国人の町という意味で「南京町」と呼んできた。神戸にある南京町だけが、「南京町」という公式名称になったのはなぜだろうか。

南京町の店舗などが加盟する南京町商店街振興組合の理事長を長く務めた呉信就によれば、「南京町で名前が通っとるんやから、それでええやないか」ということになったという（岩井孝夫、二〇〇五年）。横浜中華街に倣《なら》って「神戸中華街」とはしたくない、東京・横浜に対する関西人のプライドの表れなのかもしれない。

神戸の港は、一八五九（安政六）年に開港した横浜・長崎・箱館（函館）より遅れて、一八六七年一月（慶応三年一二月）に開港された。横浜と同様、中国人は開港後まもなく進出してきた欧米の貿易商に雇われてコックや使用人などとして来日したり、あるいは欧米人雇用者の名目のもとで、密かに貿易業を営む者もいた。また、すでに開港されていた長崎や横浜から移り住んだ華僑もみられた。彼らの出身地としては、横浜中華街と同様、広東がもっとも多く、次に三江（上海、江蘇省、浙江省など）、福建などの出身者が続いた。

一八七一（明治四）年に日清修好条規が成立するまで、華僑は無条約国民であったため、条約国民である欧米の外国人に雇用されて、神戸に来港する人びとが多かった。無条約国民の華僑は、規則上、外国人居留地内に住むことができず、外国人居留地に接した「雑居地」と呼ばれる地区に居住していた。雑居地とは、神戸の外国人居留地の建設工事が未完成であり、また外国人居留地が手狭であったため、政府がやむなく外国人に対して日本人との雑居を許可した地区である。華僑は、一八七七（明治一〇）年頃から、今日の南京町付近に居住するようになった。

開港から一八九九（明治三二）年の条約改正に至るまで、神戸の華人社会では、有力な貿易商がその中心となった。彼らの多くは現在の南京町およびその周辺に集中して居住していた。

条約改正に伴い、治外法権が撤廃され、外国人も日本人と雑居できるようになり、華僑も貿易商以外のいわゆる「三把刀業」（料理飲食業、洋服仕立業、理髪業）や呉服行商人などの雑業者の国内各地への進出が許されるようになった。条約改正以後、神戸在留華僑が増加したが、これは華僑の雑業者の進出が顕著だったためである。第一次世界大戦による日本経済の好景気、および関東大震災で被災した華僑の横浜から神戸への移動などにより、神戸在留の華僑は、一九三〇（昭和五）年には六六三六人に増加した。

第二次世界大戦前、神戸の南京町は、地元はもとより、近畿一円にもその名を知られるほどの活況を呈していた。神戸の南京町は、中華街という性格と同時に、日本人露店商人も加わる食料品市場としての性格をも備えていた。

一九三一（昭和六）年に満州事変が勃発し、さらに一九三七（昭和一二）年に日中戦争が始まると、中国へ帰国する者が続出した。そして日中両国は、しだいに本格的な戦争状態に入っていった。このような状況の中で、華僑は「敵性国民」として取り扱われ、彼らの行動も大きく制限されるようになった。日中関係の悪化は、貿易面にもっとも顕著に表れた。また、東南アジアにおける日本製品ボイコット運動の高まりの影響も受けて、華僑貿易商の活動は停滞した。

一九四五（昭和二〇）年の空襲で、南京町を含む神戸の中心部は焼け野原と化した。神戸の戦後の復興は、横浜中華街と同様、ヤミ市から始まったと言われるが、日本の敗戦の結果、「戦勝国民」となった華僑や朝鮮半島出身者は、これらのヤミ市で重要な役割を果たした。

南京町の再開発

南京町の観光地化の過程を検討すると、時期的なずれはあるものの、横浜中華街の観光地化の過程との類似点が多い。

第二次世界大戦の終了直後、アメリカ軍が進駐してくると、現在の南京町近くにアメリカ兵相手や外国船員相手の外人バーが多数開業するようになった。このように、南京町の観光地化が進む以前、南京町が外人バーの多い歓楽街という性格をもっていたという点は、横浜中華街と共通する特色である。

私が神戸の南京町を初めて調査で訪れたのは、一九七七年であった。地図を見ながら「南京町は確かこの辺のはずだが……」と歩いて華僑関係の店舗が集中している地区を探していたが、それらしい通りはなかなか見つからなかった。通りかかった人に「すみません。南京町を探しているんですが……」と尋ねた。すると「ここが南京町よ」との答え。思わず「ウソでしょ」と言ってしまいそうになった。

当時、私は横浜中華街のように中国料理店が軒を並べる通りをイメージしていたのである。路地を行ったり来たりしていると、「中華雑貨　廣記商行《こうきしょうこう》」、「民生《みんせい》　広東料理店」、「中華料理材料　景隆行《けいりゅうこう》」などの華僑経営の店舗が見つかった。「南京町市場」と書かれた薄暗い市場の中に入ると、元祖豚饅頭で有名な「老祥記《ろうしょうき》」も見つかった。脇道に入ると、「SNACK & BAR ROCK」、「BAR & SNACK　COSMO」など横文字の看板を掲げた外人バーが、横浜中華街と同じように南京町でも見られた（図9－1）。

南京町の観光地化は、一九七七年に設立された南京町商店街振興組合と、神戸市の区画整理事業との共同作業に基づく再開発事業によって始まったと言ってよい。一九八一年には、神戸市の南京町復興環境整備事業計画がまとまった。その内容をみると、東西一六〇メートル、南北一一〇メートルの中に、幅員八メートルのメイン道路を整備し、中心部にチャイナプラザ（中国広場）を設け、さらに中国様式のあずまや、南京町のシンボルとなる牌楼の設置などが計画された。そして一九八二年には、南京町の入り口に最初の楼門として南楼門が、そして一九八五年には東楼門（長安門）、そして次に西安門が建設された。また一九九三年には、南京町の新たな観光スポットとして、「臥龍殿《がりようでん》」と名付けられた中国風の三階建ての施設（ここには市民トイレやコミュニティ・ホールなどがある）も建設された。

図9-1　外人バーが立ち並ぶ神戸の南京町の路地（1977年）

一九八七年からは、観光地としての南京町の知名度の向上を図って、南京町商店街振興組合の主催により、中国の旧正月である春節を祝う「南京町春節祭」が開催されるようになった（横浜中華街では、その一年前の一九八六年から「春節」と題したイベントがはじまった)。春節祭は、南京町の最大の年間行事となっている。

横浜中華街の繁栄を支えてきた横浜中華街発展会協同組合と同様、神戸の南京町の発展に南京町商店街振興組合が果たしてきた役割は大きい。長年、同振興組合の理事長を務めてきたのが、「老祥記」の三代目経営者、曹英生《そうえいせい》（一九五七年生まれ）である。創業者の曹松琪《そうしょうぎ》は、浙江省寧波から来日し、開店当初は「天津包子《てんしんパオズ》」（包子は肉まんのこと）を中国人船員向けにのみ販売してい

図9-2　南京町の変容　〔上、1977年〕左側手前が聯貿有限公司（中華食材）、右側の「永昌行」は海産物問屋、船舶への食品納入業者。〔下、2019年〕現在は、同じ場所に中国料理店が建ち並ぶ。

た。その後、醤油を加えて日本人好みの味わいにアレンジし、名前も親しみやすい「豚饅頭」に変えて南京町で売り出し大好評を得て、今日に至っている。

震災から復興した南京町

一九九五年一月一七日早朝に発生した阪神・淡路大震災（兵庫県南部地震、死者六三〇〇人あまり）は、順調な発展をみせていた南京町に大きな打撃を与えた。

この震災で犠牲になった華僑は、四七名にものぼった。しかし想像を絶するほどの被害が出た神戸の中で、南京町関係の震災被害は、死者がアルバイト従業員一名のみ、全壊が八戸と、比較的少ないほうであった。

とはいっても、南京町のシンボルである長安門は半壊し、通りに並べ置かれていた兵馬俑《へいばよう》の像は、首や胴体が折れ、見るも無惨に壊れてしまった。長い期間、周到な準備を重ねてきた二月開催予定の春節祭も、やむを得ず中止された。一九九五年の春節（旧正月）元旦は一月三一日であったが、この日、南京町商店街振興組合では、水餃子、ラーメン、コロッケ、紹興酒などを南京町広場において無料で振る舞い、暖かい食べ物は震災被害者に大歓迎された。南京町のいち早い復興の様子は、明るいニュースとして、マスコミを通して全国に伝えられた。

震災から間もない二月四日、横浜中華街発展会の林兼正理事長ら五人が、南京町を訪れ義援金五〇〇万円を手渡した。この義援金は、一月三一日からの横浜中華街の春節期間中に街頭で集めたものと、横浜中華街の中国料理店などからの寄付である。

　一九二三年の関東大震災の際には、同じ広東出身の親類や同郷人を頼って、横浜から神戸へ避難した華僑も多かった。その時の恩を思い起こし、横浜中華街で「神戸南京町を救え」と協力の呼びかけが行われた。そこには、横浜中華街と神戸の南京町との強い結びつきが表れている。

図9–3　南京町の長安門（2018年）

大震災の後遺症はしばらく尾を引き、南京町を訪れる観光客は大幅に減少した。そもそも震災後、神戸を訪れる観光客自体が激減したからである。震災で半壊した長安門は再建され（図9－3）、一九九六年一〇月一日には、長安門復興祭が盛大に開催された。そして震災後、神戸市と南京町商店街振興組合の組合員や住民らが協力して、南京町の無電柱化、路地のカラー舗装化などが行われ、より中国情緒あふれる南京町の新しい街づくり計画が進められ、今日に至っている。

　南京町商店街振興組合に加盟している店舗等八三軒の業種をみると、東西約二七〇メートル、南北約一一〇メートルの範囲に、料理店二六軒、軽食・食材店三〇軒、趣味・雑貨店八軒、その他一九軒で、合計八三軒となっていた（南京町商店街振興組合ウェブサイト、二〇二一年六月現在）。

長崎の中華街「新地」

長崎では、「新地《しんち》」と呼ばれる地区に、華僑が経営する中国料理店が多く集中している。地元の人たちは、ここを単に「新地」と呼び、以前は「中華街」とは呼んでいなかった。一九八四年、新地の中国料理店主たちは、長崎新地中華街商店街振興組合を設立。一九八六年に「中華門」を建設し、そこに「長崎新地中華街」の扁額を掲げた。一般には、「長崎の中華街」と呼ばれることが多いが、正式名称は「長崎新地中華街」である。

長崎は鎖国時代における日本唯一の貿易港であった。華僑の貿易活動も長崎に限定されたが、彼らは唐人屋敷（面積三万一〇〇〇平方メートル、出島の約二倍の広さ）に集住させられ、ここでのみ、貿易活動が許された。

鎖国時代の長崎における貿易相手国は、中国とオランダであった。主な貿易品をみると、輸入品は生糸・絹織物、木綿・綿織物、薬品、朝鮮人参、砂糖などで、日本からの輸出品は銀、銅、金、海産物などが多かった。

密貿易が後を絶たないため、幕府は入港制限をするとともに、一六八九（元禄二）年に唐人屋敷を建設し、その一カ所に華僑を住まわせることにした。唐人屋敷には華僑の商人が居住し、特別に許可された日本人の役人・商人、丸山遊郭の遊女以外の立ち入りは厳しく禁じられ、商取引も唐人屋敷内で行われた。今日、唐人屋敷があった地区には、土神堂《どじんどう》（福徳正神をまつる）、観音

図9-4　唐人屋敷跡への入口（2021年）

堂、天后堂《てんこうどう》、福建会館などの建物が残っている。また長崎に来た華人商人たちは、出身地ごとに中国式の寺を建立した。すなわち、崇福寺《そうふくじ》（福建省北部の福清人が建立）、興福寺《こうふくじ》（三江人が建立）、福済寺《ふくさいじ》（福建省南部の閩南《びんなん》人が建立）、聖福寺《しょうふくじ》（広東人が建立）の四つの寺で、これらは「唐四カ寺」と呼ばれる。

　現在の長崎新地中華街は、一七〇二（元禄一五）年に海を埋め立てて建設された陸地が起源となっている。この人工島には、長崎に入港する中国の貿易船（唐船と呼ばれる）の貨物を収納する土蔵が設けられ、「新地蔵所」と呼ばれた。幕末の開港後、華僑は唐人屋敷を出て、しだいに新地蔵所に集中して居住するようになったが、ここが華僑の居留地となり、今日の長崎新地中華街へと発展していった。

　今日、長崎新地中華街と呼ばれている地区は、第二次世界大戦前は、貿易商が多く集まっていた町であった。これら貿易商は、「〇〇号」という屋号を掲げたものが多かった。当時、この地区には「中華街」「南京町」などという呼称はなく、単に「新地」と呼ばれていた。一九四七年、新地は大火にみまわれたが、それ以前は、上海、浙江などの出身の三江人や福建省南部の厦門《アモイ》周辺出身の華僑が経営する貿易商の赤レンガ造りの建物が多かった。長崎新地中華街在住の老華僑の大多数は、福建省の省都である福州市に属する福清市とその周辺出身者、いわゆる福清人の子孫である。

長崎といえば「ちゃんぽん」が有名である。一八九二（明治二五）年、日本でひと旗あげようと、福清出身の陳平順は一九歳で長崎にやってきた。福清人が多く従事した反物行商をしながら、貧しい中国人留学生らに安くて栄養のある食べものを提供しようとして「ちゃんぽん」を考案した。そして、唐人屋敷の入口に近い広馬場に「四海樓《しかいろう》」を開業、ちゃんぽんと皿うどんなどを提供し、日本人にも大好評であった（陳優継、二〇〇九年）。現在の四海樓は、大浦天主堂に近い松が枝町にあり、「ちゃんぽんミュージアム」を併設している。

長崎新地中華街の整備

横浜中華街や神戸の南京町と比べると、長崎新地中華街の観光地化の始まりは遅い。前述通り一九八四年になって、長崎新地中華街商店街振興組合が設立され、長崎新地中華街の整備が始まった。

一九八六年には、長崎の友好都市であった福州市から工芸家を招いて仕上げられた「中華門」が建てられ、道路の石畳化も完成した（図9－5）。最終的には、長崎新地中華街の東西南北の入り口四カ所すべてに朱塗りの牌楼が建設された。東門には青龍、西門には白虎、南門には朱雀、そして北門には玄武（蛇と亀）というように、中国において方位を象徴的に表す伝説上の動物があしらわれた。また、一九八八年には、これまでのコンクリート造りの新地橋《しんちばし》が、中国風の朱色の橋に造り変えられた。

一九八六年の牌楼の建設を機に、横浜中華街や神戸南京町に比べ、これまで全国的レベルでの知名度がやや低かった長崎新地中華街への観光客の増加を図って、翌年の一九八七年から「新地中華街灯籠節」（ランタンフェスティバル）が、旧暦一月一日～五日に開催されるようになった。

その後、一九九四年からは、長崎市と協力して「長崎ランタンフェスティバル実行委員会」（長崎市観光課内）を組織し、観光オフシーズンに「冬の長崎の一大風物詩」として、「長崎ランタンフェスティバル（長崎燈会）」がより大規模に催されるようになった（図9－6）。開催期間も、春節から元宵《げんしょう》節までの一五日間に延長された。新地中華街やメイン会場の湊《みなと》公園などの周辺は、一万個以上の中国式ランタンで飾られ、幻想的なムードを漂わせる夢の世界となる。開催期間中には、江戸時代、長崎に入港した中国船が航海安全の女神である媽祖を市中の唐寺に安置する行列を再現した「媽祖行列」や、中国の皇帝が春節に街を巡幸する模様を創作した「皇帝パレード」が、長崎新地中華街周辺だけでなく、唐人屋敷や崇福寺、浜町アーケード・ベルナード観光通りなどの商店街を練り歩く。

横浜中華街や神戸南京町に比べ、長崎新地中華街がとりわけ恵まれている立地条件として、イベントを開催する会場として、隣接する湊公園が利用できることがある。ここは、臨時のステージを設置することができる広さがあり、中国の舞踏、音楽、歌曲、獅子舞、龍舞などが上演される。横浜中華街には山下町小公園、神戸には南京町広場があるものの、その広さは十分ではない。

長崎新地中華街は、約一四〇メートル×一一五メートルの範囲にある。長崎新地中華街商店街組合の加盟店だけで、中国料理店が一三軒、その他一九軒、合計三二軒の店舗等がある（長崎新地中華街ウェブサイト、二〇二一年六月）。長崎新地中華街は、横浜中華街、神戸の南京町に比べると、

図9–5　福州市の援助で建てられた中華門（2021年）

図9–6　赤い中国式ランタンで飾られるランタンフェスティバル（2021年）

その規模は小さいが、長年にわたって長崎の人びとに愛され続けてきた「新地」の伝統的な味わいが感じられる街である。

2 新華僑がつくったニューチャイナタウン

池袋チャイナタウン――日本最初のニューチャイナタウン

横浜中華街は老華僑が日本人と共存しながら形成した伝統的なチャイナタウンである。私は、このようなチャイナタウンを「オールドチャイナタウン」と呼んでいる。一方で、中国の改革開放以後、新華僑が増加し、世界各地において新しく形成された「ニューチャイナタウン」がみられるようになってきた。日本においても一九八〇年代半ば以降、新華僑が増加したが、新華僑によって形成されたニューチャイナタウンはないのだろうか。

まずは、日本のニューチャイナタウンの代表例である池袋チャイナタウンを見てみよう。

一九九一年、東京の池袋駅北口に中国食品スーパー「知音中国食品店」が開業した。その後、このエリアは新華僑が経営する中国料理店、ネットカフェ、中国語書店、レンタルビデオ店などが増加していった。アメリカをはじめ海外で多くのニューチャイナタウンを調査してきた私は、この地区が日本最初のニューチャイナタウンであると捉え、二〇〇三年、「池袋チャイナタウン」と命名した。また二〇一〇年には『池袋チャイナタウン――都内最大の新華僑街の実像に迫る』(洋泉社)という本も刊行した。

世界各地のチャイナタウンを比較検討してみると、チャイナタウンは基本的には、周辺地域に居住する華僑の生活を支える店舗や団体などが集まった地区である。

日本の場合、日本三大中華街と呼ばれる横浜中華街、南京町(神戸)、長崎新地中華街は、いずれもそれぞれの都市の重要な観光名所となっている。このため、日本の社会では「中華街＝観光地」というイメージが強い。そこで私は、この街をこれまでの「中華街」と違うものと捉え、「池袋中華街」ではなく「池袋チャイナタウン」と呼ぶことにしたのである。

最近は、新聞、テレビ、インターネットなどを通して「池袋チャイナタウン」が社会的にも認知されてきており、日本化されていない「本場の中国料理」を味わいたいという日本人も多く訪れるようになった。特にランチタイムには、池袋周辺で働く日本人が六〇〇円台、七〇〇円台の各種の定食を求めてやってくる。

二〇一六年の私の調査では、池袋駅北口周辺を含む池袋駅西側だけで新華僑(一部少数の老華僑を含む)関係の店舗、オフィスが合計一九四軒あった。その内訳をみると、中国料理店六三軒、美容院・エステ三一軒、旅行社九軒などとなっていた(山下清海、二〇一六年)。

池袋駅北口は、東武鉄道により二〇一九年三月から「池袋駅西口(北)」という名称に変更に

図9-7　池袋チャイナタウンの中国食品スーパー「陽光城」（2021年）（上）と新華僑経営の中国料理店が並ぶ脇道（2020年）（下）

なった。しかし、新華僑に限らず多くの日本人も、慣れ親しんだ「池袋駅北口」という呼び名を使っている。中国人は日本人に比べると、はるかに起業精神が強い。特に新華僑にとっては、「いずれ自分も池袋駅北口に自分の店をもちたい」と思いながら、後述する埼玉県の西川口、蕨《わらび》をはじめ他の場所で一生懸命頑張っている。そのような中から、念願かなって池袋駅北口に自分の中国料理店を開業した例は数えきれない。新華僑にとって、「池袋駅北口」のブランド力は相当なものである。

一九九〇年末に一五万三三九人であった在日中国人は、二〇二〇年六月末には八四万六七六四人にも増加した（法務省在留外国人統計、台湾を含む）。そこで、新聞・テレビなどメディア関係者から私がよく聞かれるのは、「池袋チャイナタウンのようなニューチャイナタウンは他にないのですか」という質問である。

西川口チャイナタウン——郊外型のニューチャイナタウン

池袋のある豊島区や新宿区などに単身で住んでいた新華僑は、結婚して家庭をもつと、より広い居住スペースを求めて赤羽《あかばね》や王子《おうじ》などの北区から、さらに東京都と埼玉県の境界である荒川を越えて埼玉県南部の川口市や蕨市などに移り住む者が多い。これが新華僑の郊外化である。JR西川口駅の西口周辺は、一九九〇年代から違法な性風俗店が集中し、最盛期には二〇〇軒を超えるほどであった。しかし、二〇〇四年、埼玉県警はこの地区を風俗環境浄化重点推進地区に指定し、違法な性風俗店を摘発し、二〇〇七年頃までに、ほとんどの違法な性風俗店は廃業に追い込まれた。これに伴い、近隣にあった飲食店なども客が減少、西川口駅西口周辺は衰退し、雑居ビルも空きテナントが目立った。

西川口駅は都心までの交通アクセスがよく、上野駅までは約二三分、池袋駅へも赤羽駅乗換で約二四分である。しかし、前述したような「西川口」のマイナスの地域イメージにより、空きテナントを埋めることは容易ではなかった。新華僑にとって、西川口の地域イメージは、日本人に比べると、それほどマイナスではなかった。都心へのアクセが良好な割に、駅周辺の空きテナントやマンション、アパートの賃料はリーズナブルであった。起業精神に富む新華僑にとって、東

図9-8　新華僑経営の中国料理店が入る西川口駅ちかくの複合ビル（2019年）

図9-9　UR川口芝園団地（2020年）

京で中国料理店を開業するよりも、西川口のほうが資金は大幅に少なくてすむ。そのため二〇〇〇年代に入った頃から、西川口には中国料理店が少しずつ増え始めた。

二〇二〇年一一月の私の調査によれば、西川口駅の東西四〇〇メートルの範囲内に、中国料理店が三三軒、中国食品店四軒、ほかにカラオケ店、美容院、マッサージ店、不動産屋など、合計四四軒の新華僑経営の店舗が認められた。西川口チャイナタウンの大きな特色は、他では味わえない本場中国の料理メニューを提供している店が多いことである。このチャイナタウンが形成された背景には、周辺に居住する多数の新華僑の存在があった。

西川口駅の東側から徒歩六分のところに、日本住宅公団（UR都市機構の前身）が一九六六年に団地を建設した。この西川口市街地住宅（全一九二戸）は老朽化し、居住者の高齢化も進み、空き室も増えていった。そこに新華僑が集住するようになったのである。UR賃貸住宅の場合、入居に際して、保証人・礼金・手数料・更新料が不要で、しかも国籍の制限はない。西川口駅の隣駅である蕨駅に近いUR川口芝園団地（一九七〇年代に建設）でも、今では五〇〇〇人近い住民の半数以上が中国籍となっている（川口芝園団地の自治会は、日中両国の住民の交流に積極的に取り組んできたが、多文化共生の先進的事例として、国際交流基金の二〇一七年度地球市民賞を受賞した）。

西川口チャイナタウンも、池袋チャイナタウンと同様、まずは同胞相手のチャイナタウンとして形成された。そしてその後週末には、町中華では味わえない本場の中国料理を求めて、遠方より西川口チャイナタウンを訪れる日本人客も多く目にするようになってきた。

新華僑が形成した池袋チャイナタウンおよび西川口チャイナタウンが、今後、横浜中華街のように多くの日本人も訪れるような観光地的要素を深めていくのか、今後の展開が注目される。また、これまで述べてきたように、横浜中華街でも相当な勢いで老華僑に代わって新華僑経営の店舗が増加している。観光地としての横浜中華街の繁栄が、今後も継続していくのかどうかにも注目していく必要がある。

第十章

世界の中の横浜中華街

1　世界各地のチャイナタウンと比べて

「桑港のチャイナ街」

多くの日本人にとって「チャイナタウン」と聞くと、どこのチャイナタウンを思い浮かべるだろうか。年輩の方では、即座に「サンフランシスコのチャイナタウン」を連想する人が多いのではないだろうか。

一九五〇年、歌手の渡辺はま子（一九一〇～九九年）が歌った「桑港《サンフランシスコ》のチャイナ街《タウン》」が大ヒットした。同曲で渡辺はま子は同年の第一回紅白歌合戦の紅組のトリも務めた。渡辺はま子は現在の横浜市西区平沼で生まれ育った「浜っ子」であった。

そんな古い歌謡曲は知らないという世代も、〽サンフランシスコのチャイナタウンの飲茶《ヤムチャ》♪というミスタードーナツのCMソングは記憶にあるのではないだろうか。アメリカ発祥のドーナツチェーンである「ミスタードーナツ」が、一九九二年から日本の独自メニューとして「ミスター飲茶」の提供を始めた。その際のキャッチフレーズが、「サンフランシスコのチャイナタウンの飲茶」であった。所ジョージを起用して「桑港のチャイナ街」の冒頭部分をアレンジしたCMソングが、テレビなどで幾度も流された。このCMにより、サンフランシスコのチャイナタウンを訪れる日本人にとって、本物の「サンフランシスコのチャイナタウンの飲茶」を味わうことが目的のひとつになった。

図10–1　サンフランシスコのチャイナタウンを横切るケーブルカー（2014年）

　サンフランシスコのチャイナタウンの起源は、ゴールドラッシュにある。一八四八年、サンフランシスコの東北約一七〇キロメートル、シエラネバダ山脈の山麓のコロマで金が発見され、ゴールドラッシュが起こった。一獲千金の夢を抱いてカリフォルニアに押し寄せた中には、はるばる太平洋を船で渡ってカリフォルニアにやって来た華僑も大勢含まれていた。

　華僑の上陸地点はサンフランシスコであった。この

図10-2　マンハッタンのチャイナタウンの飲茶レストラン（2014年）

ため、華僑はサンフランシスコのことを「金山《きんざん》」と呼び、そこにチャイナタウンが形成された。一八五一年にオーストラリアのメルボルン近郊で金が発見されると、サンフランシスコは「旧金山」と呼ばれるようになった。中国では、サンフランシスコのことを「三藩市《サンファンシ》」とも表記するが、現在でもサンフランシスコは「旧金山」と呼ばれ、中国国内の国際空港の航空便の目的地の表示には「旧金山」が用いられている。

　ゴールドラッシュでアメリカに押し寄せた華僑の多くは、広東の珠江デルタ、特に台山地方出身の広東人であった。サンフランシスコからしだいにアメリカ各地へ移動していく中で、アメリカの華僑社会は、第二次世界大戦前まで、広東人中心であり、広東語の社会であった。しかし一九七八年末からの改革開放後、福建省北部の福州・福清をはじめ中国各地出身の新華僑が増加するにつれ、アメリカの華僑社会でも標準中国語がかなり通用するようになった。

　アメリカ各地のチャイナタウンに飲茶レストランが多くみられるのも、広東人が多いからである。広東以外、中国各地でも中国茶を飲みながら、菓子、ケーキ、シューマイ、肉まんなどの点心を味わうスタイルはみられる。しかし飲茶を広東語の「ヤムチャ」と発音するのが浸透しているように、飲茶の本場といえば広東なのである。

ニューヨークのマンハッタンのチャイナタウンも広東人によって形成されたため、飲茶レストランが多い。飲茶レストランのテーブルに着くと、まず店員から中国茶の種類を尋ねられる。一般的には、黒茶とも呼ばれる雲南省産のプーアル茶（普洱茶）か、ウーロン茶（烏龍茶）を選択する。メニューを見ながら注文品を決めるオーダー式飲茶よりも、テーブル間を移動するワゴンの上に各種の点心が入った熱々の蒸籠《せいろ》が並べてあり、自分の好みで選択できるワゴン式飲茶のほうが外国人にはわかりやすい（図10－2）。ワゴン式飲茶は白人、黒人、ヒスパニックなど華僑以外の人びとからも人気が高い。

海外のチャイナタウンにある飲茶レストランでは、ワゴンがテーブル間を巡るスタイルが多く、店内が広い店が多い。広東人が多かった横浜中華街でも、飲茶を味わえる店が多いが、フロアの広さが限られた店が多いため、オーダー式飲茶が一般的である。

牌楼からみる世界のチャイナタウン

「ミスター飲茶」のCMには、サンフランシスコのチャイナタウンのシンボルとなっている牌楼が出てくる。これは、サンフランシスコでもっとも人気のある繁華街、ユニオンスクエアの北東三〇〇メートルほどのところにある。一九七〇年、チャイナタウンの南側の入口に、台湾側の援助でDragon Gate（龍門）が建てられた（図10－3）。この牌楼の中央には、「天下為公　孫文」と書かれた扁額が掲げられている。「天下為公」とは、天下国家は君主の私物ではなく、公のためのものであるべきだ、という意味で、孫文が好んでよく揮毫したものである。

すでに第四章でも述べたように、横浜中華街の最初の牌楼である善隣門が建てられたのは一九五五年で、サンフランシスコの牌楼建設より一五年も前である。サンフランシスコの牌楼は、い

図10–3　サンフランシスコのチャイナタウンの牌楼（Dragon Gate）（2007年）

図10–4　メルボルンのチャイナタウンの牌楼（2020年）

まだにこの Dragon Gate 一基のみである。

海外で牌楼が多く建てられているチャイナタウンをみてみよう。オーストラリアのメルボルンのチャイナタウンは、リトル・バーク・ストリートと呼ばれるまっすぐな通りの両側、四〇〇メートルあまりにわたって多くの中国料理店が立ち並んでおり、四基の牌楼がある（図10－4）。ヨーロッパのチャイナタウンでもっとも観光地化が進んでいるのは、ロンドンのチャイナタウンである。繁華街ピカデリーサーカスの東、徒歩五分ほどのソーホー地区に位置している。交通アクセスもよく、中国料理店や中国物産店が集中し、多くの観光客が訪れる。ロンドンのチャイナタウンには、三基の牌楼がある。横浜中華街のものと比べると、ロンドンの牌楼は、パイプを組み合わせた比較的簡素な造りにみえる。

図10−5　春節でにぎわうロンドンのチャイナタウン（2015年）

ロンドンのチャイナタウンも横浜中華街と同様、広東人を中心に形成された。広東語ではチャイナタウンのことを「華埠」という。このため、ロンドン（中国語で倫敦）のチャイナタウンの牌楼には、「倫敦華埠」と書かれている（図10－5）。

横浜中華街には一〇基もの牌楼があり、この数は世界のチャイナタウンの中で最多

図10-6　リバプールのチャイナタウンの牌楼（2013年）
中央の銘板には、「中国城」（チャイナタウンという意味）と書かれている

で、しかも群を抜いている。日本は地震大国であり、牌楼の造りも頑丈で、多額の費用がかかっている。

近年、世界各地のチャイナタウンで、中国側の支援により牌楼の建設が進んでいる。その背景には、中国の経済発展、海外進出の影響がある。中国の国威発揚の意味もあり、なかにはチャイナタウンの規模以上に立派な牌楼が建てられているところもある。

イギリスのリバプールは、歴史的に港湾都市として栄えてきた。イギリス本土へのアイルランド移民の上陸地点でもあり、アイルランド移民が多く居住した（このようなアイルランド系イギリス人の中から、ロックバンドのビートルズが誕生したのである）。港湾都市・工業都市として栄えたこのリバプールに華僑も上陸し、チャイナタウンを形成した。しかし第二次世界大戦後、リバプール経済の衰退にともない、チャイナタウンも活気が失われていった。

横浜市の中国の友好都市は上海市である。リバプールの中国の友好都市も上海市である。二〇〇〇年、上海市の援助により、リバプールのチャイナタウンに高さ一五メートルの牌楼が建造された（図10－6）。中国以外では最大規模の牌楼である。非常に立派な牌楼であるために、リバプールのチャイナタウンの衰退ぶりが、かえって強く感じられてしまう。

なお横浜の一〇基の牌楼の中で最大のものは、山下公園側にある朝陽門である。高さ一三・五メートル、幅一二メートルもある。みなとみらい線開通（二〇〇四年二月）に合わせて改築され、二〇〇三年二月に落成した。

牌楼の数のみならず、観光客相手の中国料理店や土産物店などの集積の密度をみても、世界のチャイナタウンの中で、横浜中華街はもっとも観光地化が進んでいると言える。横浜中華街ほど、華僑が移住した国の人びとによって愛されているチャイナタウンはほかにないのである。

規模からみる世界のチャイナタウン

テレビや雑誌などのインタビューを私が受ける際に、「横浜中華街は世界最大のチャイナタウンである」と言ってほしいと頼まれることがよくある。しかし、それは真実と異なるので、横浜中華街は「現地の人びとからもっとも愛されているチャイナタウンです」、「世界でもっとも安全なチャイナタウンです」などと答えてきた。

前述したように、私は世界各地のチャイナタウンを比較考察してきた（山下清海、二〇〇〇年、丸善／山下清海、二〇一六年、講談社／山下清海、二〇一九年、明石書店など）。はたして、最大なのかどうか、横浜中華街の規模をサンフランシスコや、ニューヨークのマンハッタンのチャイナタウンと比較してみよう。

横浜中華街は、中国料理店をはじめチャイナタウンらしい店舗、華僑関係施設などが分布している地区は、東西が約五〇〇メートル、南北が約三五〇メートルの範囲である。これに対して、サンフランシスコのチャイナタウンは、東西が約五〇〇メートル、南北が約九〇〇メートルである。大勢の観光客が訪れるのは南北に連なるグラント街である。この通りの約一〇〇メートル西

図10–7　サンフランシスコのチャイナタウンのメインストリート、ストックトン通り（2014年）　観光客の姿はほとんど見られない

図10–8　マンハッタンのチャイナタウン（2014年）　左端のビルの非常用階段が目に入らなければ、まるで香港にいるような気分になる

側を並行に走るストックトン通りは、華僑向けの商店、学校、団体、病院、高齢者向けアパートなどが集中する地区であり、観光街のグラント街とは、まったく別世界である（図10－7）。華僑同胞へのサービス提供の場として、本来のチャイナタウンの機能が集中している。道端や店舗内で聞こえてくるのは英語よりも、広東語、標準中国語、各種中国語方言などが多い。近年、ベトナムなどインドシナ出身者をはじめ、各国からの新来の移民も増加している。

図10－9　クイーンズ区フラッシングのチャイナタウン（2014年）　ラテンアメリカからの移民など華僑以外も増加している

ニューヨーク、マンハッタンのチャイナタウンは、サンフランシスコのチャイナタウンよりさらに規模が大きく、東西が約八〇〇メートル、南北が約一〇〇〇メートルもある（図10－8）。ニューヨークでは、マンハッタンのほか郊外のクイーンズ区フラッシング（中国名：法拉盛）、ブルックリン区のエイス・アヴェニュー（8th Avenue、中国名：八大道）などにも、増加する新華僑によって郊外型のニューチャイナタウンが形成され、多国籍の新来の移民も流入し、その規模はどんどん拡大していっている（図10－9）。しかし、これらニューヨーク郊外の二つのチャイナタウンは、まだ観光地化が進んでいるとは言えない。

ニューヨークのチャイナタウンで観光地化しているのは、マンハッタンのチャイナタウンである。これらのほか、世界的にみて規模の大きなチャイナタウンとしては、ロサンゼルス、カナダのトロントおよびバンクーバー、ロンドン、パリ、バンコク、シンガポール、クアラルンプール、シドニー、メルボルンなどがあげられる。この中で世界でもっとも規模の大きなチャイナタウンは、ニューヨークのマンハッタンのものだと言えよう。

観光地化に伴い職住分離が進み、中華街内に居住する華僑が少なくなっている横浜中華街と比べると、海外のチャイナタウンでは、華僑の居住の場、華僑同胞への各種サービスの提供の場としての性格が強い。

2　横浜中華街をモデルにした仁川中華街

仁川のチャイナタウンの衰退

ソウルの西約三〇キロに位置し、ソウルの外港でもある仁川《インチョン》は、一八八二年の開港以来、対外貿易、とくに中国との貿易の中心地として栄えてきた。開港後、中国人租界が設けられ、そこはチャイナタウンとして発展した。仁川の華僑社会は、黄海《こうかい》の対岸に位置する中国の山東半島から渡って来た山東人を中心に形成された。

しかし、第二次世界大戦後、韓国の李承晩《イスンマン》政権（一九四八～六〇年）および朴正熙《パクチョンヒ》政権（一九六三～七九年）は民族経済の自立を掲げて、華僑の経済活動に対し厳しい規制強化を実施した。その結果、華僑経営の中国料理店、各種商店などの閉鎖が相次ぎ、仁川チャイナタウンはしだいに消滅していった。そして、新天地を求めてアメリカや台湾などへ移住する華僑が増加した。その結果、韓国は「チャイナタウンのない国」とも言われるようになった。

一九九二年、韓国と中国は国交を樹立し、両国の交流がしだいに活発化した。二〇〇二年、サッカーの日韓共催ワールドカップが開催されることになり、多数の中国人が仁川を訪れることが期待されていた。仁川広域市の中区庁は二〇〇一年から、外国租界時代の歴史的建造物が多く残る地区を整備して、新たな観光ベルトを形成する事業を開始した。その中核をなすのが「仁川中華街」の再開発であった（山下清海、二〇一九年、明石書店、特に第12章）。

「仁川中華街」の誕生

二〇〇二年、仁川中華街のシンボルとなる最初の牌楼が、仁川の姉妹都市である山東省の港湾都市、威海《ウエイハイ》市の寄贈で建設された（図10－10）。新しく建てられた牌楼には、「中華街」と書かれた銘板が掲げられた。横浜中華街のシンボルである善隣門と同じである。第四章で述べたとおり、「中華街」は横浜中華街で生まれた名称で、本来の中国語ではない。チャイナタウンの中国語といえば、もっとも広く用いられてきたのは「唐人街」である。では、なぜ仁川のチャイナタウンは漢字表記を「中華街」としたのであろうか。

仁川中華街の再開発事業は、仁川広域市の中区庁が主体となって進められた。その時に、中華街の参考モデルにされたのが、大勢の観光客でにぎわう横浜中華街であった。仁川中華街の再開発事業に取り組む仁川広域市中区庁の関係者も、横浜中華街を視察している。仁川と横浜は同じ

図10-10　仁川中華街の牌楼（2013年）　中央の銘板に「中華街」と書かれている

図10-11　仁川中華街の中心部（2013年）　写真右側の「共和春」は、チャジャンミョン発祥の老舗の名を掲げた韓国人経営の店

港湾都市であるだけでなく、友好協力都市でもある。横浜中華街は、世界のどこのチャイナタウンよりも、観光地として繁栄している。そのため仁川中華街は再開発を進める際に、「第二の横浜中華街」を目指したのである。

二〇〇七年、私は仁川中華街繁栄聯合会の会長（華僑）と面会し、「なぜ『中華街』という名称にしたのか」と尋ねた。すると会長は、「名前は役所が決めた」との答え。次に、中区庁の文化観光課を訪れ、同様の質問をした。すると職員は「よくわからない」という。私は『中華街』は中国語でなく、日本で生まれた呼び方ですよ」と言うと、「それは初めて聞いた。知らなかった」と、ほんとうに驚いた様子であった。では、「それを知っていたらどうしましたか？」と、私は聞きたいところだったが遠慮してしまった。

韓国の中国料理店の看板に、漢字で「中華料理」と書かれているのをよく見る。そもそも「中華料理」は日本語で、中国語ではない。中国語であれば、「中国菜」、「中餐」などとなる。日本統治時代に使われた日本語の残照と言えよう。韓国人が好きな中国料理といえば、チャジャンミョンとチャンポンである。チャジャンミョンは、山東人が持ち込んだジャージャン麺（炸醬麵）である。一方、チャンポンは日本統治時代に朝鮮半島に持ち込まれた長崎ちゃんぽんが現地化して真っ赤な唐辛子スープ麵になったものである。見た目は長崎ちゃんぽんとは異なり、かなり辛いスープではあるが、食べてみれば、そのルーツが長崎ちゃんぽんであることがわかる（山下清海、二〇一六年、講談社、第三章）。

仁川中華街の再開発事業は、仁川広域市、特に中区庁が主体となって進められた。財政的な支援も、仁川中華街の建設計画も、ほとんどが行政側主導によるものであった。地元の華僑社会は、仁川中華街の再開発では、付随的な役割しか果たさなかった。その背景には、これまでの韓国政府の非常に厳しい対華僑政策により、華僑社会の経済的、社会的な力が徹底的に弱体化されてきたことがある。

最後に、仁川中華街と横浜中華街を比較してみよう。中国料理店が連続し、シンボルとなる牌楼があり中国的色彩が濃いなど、景観面で類似点が多い。横浜中華街は東京に近く、仁川中華街はソウルに近いという立地条件もよく似ている。しかし、仁川中華街には老華僑経営の店舗が少なく、韓国人経営の店舗が多く、新華僑が従業員として雇用されている。

仁川に限らず韓国の老華僑は、黄海を挟んで韓国と対面する山東省出身者すなわち山東人が主流であった。しかし、新華僑の場合、中国の東北地方（遼寧省・吉林省・黒龍江省）の朝鮮族が多い。朝鮮族は朝鮮語ができるので、中国料理店経営者にとって、従業員でもコックでも、中国の朝鮮族が即戦力になっている。

終章　未来へ――これからの横浜中華街

1　今後の横浜中華街は――発展会、高橋伸昌理事長に聞く

これまでの横浜中華街

本書では、ここまで、横浜中華街がいかにして形成され、その後どのように変遷してきたか、その背景・要因などを考察してきた。また、世界のチャイナタウンと横浜中華街を比較して述べてきた。

本書では、横浜中華街にとって、横浜中華街発展会が果たしてきた役割の重要性について述べてきた。そして今後、横浜中華街がどのように進んでいくかについては、発展会の方針・計画と大きく関わってくる。そこで、二〇二一年七月、横浜中華街発展会の高橋伸昌《のぶまさ》理事長にお会いし、

お話を伺うことにした。高橋伸昌理事長は、横浜中華街に関するテレビ、新聞などの報道に積極的に協力し、社会に向けて横浜中華街の魅力を発信し続けている。

まず、高橋理事長の略歴について紹介しておこう。一九五九年、横浜中華街で生まれた。父親は、一八九四（明治二七）年創業の精肉販売業「江戸清」の三代目社長、高橋柢祐であった（柢祐は、一九七一年に設立された横浜中華街発展会の初代の理事長を務めた）。伸昌は、一九八二年に慶応義塾大学経済学部を卒業後、野村證券勤務を経て、一九九四年、江戸清に事業部長として入社。二〇〇〇年に代表取締役社長となった（二〇一九年より会長）。そして二〇一八年に横浜中華街発展会の五代目理事長に就任した。

まず、高橋理事長に、横浜中華街の特色について尋ねてみた。非常に漠然とした質問であったが、なるほどと思える回答が返ってきた。

横浜中華街は一六〇年あまりの歴史があり、日本・中国の政治的関係をはじめいろいろな問題を乗り越えてきたからこそ、今の横浜中華街があります。

海外のチャイナタウンは、華僑のためのコミュニティー、また華僑を外敵から守るための街としての役割が大きいと思います。これに対して、横浜中華街は華僑と日本人が一緒になって作ってきた街ですから、外敵から自分たちを守る必要はありません。このため、横浜中華街では、華僑の文化や伝統が反映された営みが、日本人の力を借りて維持されてきました。

次に、横浜中華街が近年大きく変容し、いろいろな問題を抱えていることについて尋ねてみた。

日本と中国の間で政治問題が起きた時などには、確かに横浜中華街への来街者が減り、大きな影響を受けてきました。それでも横浜中華街を応援してくれる人たちが、これまでたくさんいらっしゃいました。

一九八〇年代以降、横浜中華街は、それまで以上に中華的な色彩が強くなりました。私が野村證券に勤めていた頃、久しぶりに中華街に帰ってくるたびに、日本人経営の店が減り、新華僑経営の店が増えていっていました。一九九〇年代になると、福建省出身者が急増するとともに、日本人経営の店がさらに減少していきました。

長年、横浜中華街は、老華僑たちが中心となり日本人とともに引っ張ってきました。しかしながら中華料理店経営の老華僑の二世、三世らは、だんだん自分たちで鍋を振らなくなり、店の経営に専念するようになってきました。そして老華僑の高齢化が進むにつれ、新華僑に土地・店舗を貸したり売却したりするようになってきているのが現状です。

金もうけだけを考えると、今ある店舗を建て替えて、一階と二階を店舗にして、それより上階をマンションにするほうが、収益は大きいでしょう。しかし、そうすると横浜中華街ではなくなります。景観が崩れると、横浜中華街としての価値は下がり、結局、地価も下落し経済性は悪くなるはずです。また、住民が街の中にいることによって、夜間の活動が制限されたり、様々な中華の文化や伝統の営みが維持しにくくなります。

これまで老華僑の先輩たちは、横浜中華街を「より中華街らしく」する努力をしてきました。私たちも、リアル・チャイナタウンを目指していかなければなりません。


横浜中華街で増加する新華僑について、高橋理事長の考えを聞かせてもらった。


先ほども言いましたが、最近の老華僑は鍋をもたない、経営者である人が多くなりました。「すでに財を成しているので、店を貸したり売却したりして老後はゆっくり過ごしたい」「事業を承継してくれる人がなかなかいない」ということを言う老華僑も多く、その気持ちはわかります。土地があるので、マンションを建てたい、という人もいます。

一方、新華僑は、「横浜中華街で、中華料理店を開いたり、新しい店を始めたい」という商売に意欲のある人ばかりです。以前の老華僑がそうであったように、今では老華僑に取って代わる存在が新華僑なのかもしれません。とはいえ、老華僑の店がそのまま消えていくのは惜しいので、何とか屋号を残すために、新華僑に屋号もろとも受け継いでもらうケースも出てきました。新華僑は、横浜中華街を支えている「活力」となっています。

横浜中華街の中には、マンションはなじみません。商業の街ですから。二〇〇五年に作られた街づくり協定の中で、「中華街を一〇〇年残す計」ということで協定の取り決めができ、中華街の中には一階二階が店舗であっても集合住宅は建てることができなくなりました。ですから、協定が定められた以前に作られたマンションは変えようがないので、今後も住民の方と意思疎通をしっかりと行い、爆竹やドラの音で賑わう横浜中華街の文化や伝統、商業地としての夜の賑わいをいつまでも残していきたいと思っています。

コロナ禍の横浜中華街

コロナ禍関連の新聞やテレビのニュースなどで、横浜中華街がよく取り上げられる。来街者が大幅に減少し、閑散とした中華街大通りの映像を見ると、筆者はまったく別の場所のように感じてしまう。いつも大勢の人出でにぎわっている中華街大通りで写真を撮ると、地面が見えることなどはなかった。コロナ禍での横浜中華街の状況はどうか、高橋理事長に聞いてみた。

新型コロナ感染症は、二〇一九年一二月ころから中国で始まりましたが、それに合わせてSNS上で「中国イコール横浜中華街」のような風評が出始めました。

二〇二〇年一月に日本で最初のコロナ患者が神奈川県で出た時、「横浜中華街でコロナ感染者が出た！」とうわさされ、大変な風評被害を受けました。実際は、横浜市以外の在住者だったのですが。

二〇二〇年一月二〇日に横浜港を出港したクルーズ船ダイヤモンド・プリンセス号は、鹿児島、香港、ベトナム、台湾、沖縄に入港した。その日に香港で下船した乗客から新型コロナの罹患者が出たことがわかり、二月三日に横浜港沖に戻ってきた。しかし、乗員乗客の下船は許可されず、診断上問題がないと判断された乗客の下船が許可されたのは二月一九日からであった。

ダイヤモンド・プリンセス号の新型コロナ集団感染は、横浜中華街にとって大きな打撃となりました。テレビでは連日ダイヤモンド・プリンセス号が映し出され、その後必ずと言ってよいほど横浜中華街が関連映像として出ました。「横浜中華街には行かないほうがよい」というような悪いうわさが出回りました。コロナ禍の打撃に加え、ダイヤモンド・プリンセス号による風評被害が重なり、来街者は九割くらい減少し、その結果、店舗の八割から九割は休業せざる得なくなりました。加えて、二〇二〇年三月はじめ、横浜中華街の複数の中国料理店などに、「中国人は細菌だ」、「早く日本から出て行け」などと華僑を誹謗中傷する内容の手紙が送りつけられました。このことが新聞、テレビなど各種メディアで報じられると、横浜中華街を応援しようと、ＳＮＳ上で「#がんばれ中華街」のフレーズを盛り込んだ応援メッセージが多数寄せられました。また、誹謗中傷を受けた中国料理店を励まそうと日本人客が押し寄せ、長い行列ができました。

横浜中華街への多くの励ましに対して、私たち中華街発展会は、二〇二〇年三月二〇日、「みんなありがとう　#がんばれ中華街」と書いた横断幕を、中華街大通りの善隣門に掲げました。コロナ禍が収束し元に戻るまでの旗印として、「#がんばれ中華街」活動と称し、今も活動に取り組んでいます。

私は、三月二〇日、ちょうど媽祖祭が開かれる日に横浜中華街を訪れており、その横断幕も目にしていた。高橋理事長はコロナ禍について次のようにも述べた。

今回のコロナ禍の問題は、きわめてたちが悪いですね。これまでにも、段ボール肉まん(二〇〇七年、北京市の露店で販売されていた肉まんの材料にひき肉とともに段ボールが混入されていた事件)、毒入り冷凍餃子事件(二〇〇七年末、中国製冷凍餃子を日本で食べた人が中毒症状を起こした事件)、尖閣諸島問題などがありました。その嵐が去るまで我慢すれば時間が解決して、もとに戻りました。しかし、今回のコロナ禍は違います。終わりが見えないですから。

これからの横浜中華街

時代により街が変容していく中で、横浜中華街発展会として、これからの横浜中華街をどのように考えているのかを高橋理事長に尋ねてみた。

私の先輩世代の人たちは、関東大震災、横浜大空襲を経験しました。そして壊滅した街を建て替え、新しい未来へ向かって走り出しました。しかしこのコロナ禍はそれらに匹敵、いやそれを上回る大きな災難だと思います。終わりが見えないのですから……まさしくコロナウイルスとの戦いです。私たちはそのような中、改めて横浜中華街をリピーターがあふれる街へ、そして楽しい、素敵な思い出が作れる、笑顔が溢れる街にしたいと強く願い、その達成に向けて行動していきます。

二〇二〇年一月、横浜中華街がこれからどのように動いていったらよいのかを考え、「ネクスト・ブランド・ビジョン」を発表しました。その中で、私達が達成に向けて具体的に何をすればよいかを二つの活動として掲げました。

①横浜中華街はSDGs（持続可能な開発目標）の街になる
世界共通言語としてSDGsに取り組み、持続可能な経済、社会、文化を育《はぐく》もうというものです。

②横浜中華街はゲートウエイになる
　街を一つの点とすれば、点と点が結ばれ、線になります。線と線が重なり面になります。点の力から面の力へ、街と街が繋がる地域連携により面としての横浜の力を最大限に発揮さ

せるために、横浜中華街は横浜の街の一つのゲートウエイとして、街のハブになろう、ということです。

①と②の活動を行うことで、中華街をリピーターあふれる街にしていこうと考えています。そのために、次の「横浜中華街・五つの行動指針」を作成しました。

1　中華の文化、伝統を継承・発展、そして発信していく。
横浜中華街の文化や伝統をしっかり継承し、発展させ、きちんと世の中へ発信していく。

2　より魅力ある店舗になるための努力を惜しまない
横浜中華街は多くの人を集める街です。個別の店舗は自らがいま一度見直し、個店を磨き、例えばよりおいしい料理やサービス、クリーンネス等が提供できるようになるため（より素晴らしい店舗となるため）努力を惜しんではならないということです。

3　問題を放置せず、一つひとつ改善していく
たとえば、ごみ問題、看板のはみ出し、客引きなど、問題があれば常に問題を顕在化させ放置せず、改善に向け取り組むということです。

4　地域連携の推進
横浜市内の他の街、広域連携、中華の文化や伝統での連携など、日本および世界各地の街

と連携していきます。

5　防災、防犯に強い街にする。

横浜中華街は観光地なので、防災、防犯には責任があります。

これらの1~5に取り組んでいけば、必ずネクスト・ブランド・ビジョンが達成できると考えています。

高橋理事長との会話では、幾度も「中華街は、横浜の中華街である」というフレーズが出てきた。

以前は、「街にいる私たちの中華街」でしたが、今や「中華街は、横浜の中華街」となり、公共性がより高まっていると思います。住みたい街ランキングで、横浜は最上位にランクされており、その横浜の中でも人気があるのが中区です。中区を選ばれた方の声を聞くと、横浜中華街があるからと答える方も多いと聞きました。多くの皆さんの負託に応えたい！　そのためには横浜中華街は「横浜の中華街」にならなくてはなりません。横浜に来られた観光客の六割は横浜中華街に来るそうです。横浜中華街は横浜最大の観光地の一つです。そのことからも、横浜中華街は私たちだけの中華街ではなく、横浜の財産としてより輝かせていかなければなりません。横浜中華街は横浜の経済を回す一つの原動力です。私たちは、いろいろな街や人びとと協力しながら、これからも横浜中華街をしっかりと守っていきたいと思います。

2　横浜中華街博物館の設立に向けて

海外のチャイナタウン博物館

世界各地のチャイナタウンを調査してきた私からみても、横浜中華街は、ホスト社会の人びとから愛されてきた素晴らしいチャイナタウンである。

ただ、一つ気になる点がある。

世界のチャイナタウンの中には、チャイナタウン博物館が設立されているところが多くある（山下清海、二〇一七年）。しかし、横浜中華街には、残念ながらそれがないのである。

アメリカ各地のチャイナタウンの中には、チャイナタウンや華僑に関連する博物館が設けられているところがみられる。サンフランシスコのチャイナタウンの中には、一九六三年、アメリカ華人歴史学会博物館（Chinese Historical Society of America Museum）が設立された。ニューヨークのマンハッタンのチャイナタウンにも、アメリカ華人博物館が一九八〇年に設立された。シカゴ

図11−1　メルボルンのチャイナタウンにあるオーストラリア華僑歴史博物館（2020年）

のチャイナタウンにも、シカゴ・チャイニーズ・アメリカン博物館（Chinese American Museum of Chicago）がある。

オーストラリアでは、メルボルンのチャイナタウンに、地上三階、地下一階のオーストラリア華僑歴史博物館（Museum of Chinese Australian History、澳華歴史博物館）が、一九八五年に設立された（図11－1）。

アジアをみると、シンガポールのチャイナタウンの中には、小規模ではあるがチャイナタウン・ヘリテージ・センター（Chinatown Heritage Centre）があり、中国南部からシンガポールに移住した人びとの暮らしぶりが再現されている。

韓国の仁川中華街には、仁川で誕生したチャジャンミョン（炸醬麵、韓国風ジャージャン麺）博物館があり、韓国における中国の食文化の受容とともに、仁川華僑の歴史を知ることができる。また韓中文化館（Korean-Chinese Cultural Center）もある。

では、日本ではどうであろうか。

神戸の南京町から南西へ徒歩五分ほどのところにある神戸中華総商会ビル（海岸通り三丁目）

の中に神戸華僑歴史博物館がある。展示資料から、南京町の形成や神戸華僑の歴史、文化などを知ることができる。初代館長であった神戸を代表する華僑、陳徳仁《ちんとくじん》（一九一七〜九八年）の尽力によって設立されたものである。

長崎新地中華街には博物館はないが、近くには唐人屋敷がある。唐人屋敷の中にある土神堂、天后堂、観音堂、福建会館、そして「蔵の資料館」を巡ると、長崎華僑や長崎新地中華街の歴史が理解できる。

横浜中華街にも博物館を

さて、横浜中華街には、現時点で海外のチャイナタウン博物館のような施設は、残念ながらまだない。これまで、中華街博物館の建設構想がまったくなかったわけではない。善隣門に近い加賀町警察署が老朽化して、建て替えの計画が出てきた際に、その場所に中華街博物館を建設してはどうかという動きもあったようだ。結局、そのような要望は実らず、一九九六年、現在の加賀町警察署の建物が落成した。

コロナ禍の下、二〇二一年四月一〇日から七月四日まで、横浜ユーラシア文化館で企画展「横浜中華街・一六〇年の軌跡　この街がふるさとだから。」が開催された。横浜開港から現在に至るまでの横浜中華街の歴史、華僑の生活のあゆみなど、観光地・横浜中華街のイメージからはあまり知られていない横浜中華街の姿を、貴重な展示からうかがい知ることができた。

これより前、二〇〇九年には、横浜開港資料館で企画展「横浜中華街一五〇年――落地生根の歳月」が開催された。これら二つの企画では、横浜ユーラシア文化館副館長（前・横浜開港資料館主任調査研究員）の伊藤泉美が中心的役割を果たしている。

このような横浜中華街に関する企画展示が終了した後、これらの貴重な資料が、再び人びとから見えにくくなることは非常に残念である。横浜中華街に中華街博物館があれば、これらの資料を常時、閲覧できるようになるのである。

二〇二一年四月、横浜市中区大芝台にある華僑の墓地「中華義荘」に隣接する駐車場跡地に三階建のビルが完成し、その二階に資料展示室が仮オープンした。この資料展示室を出発点として、さらに充実した内容の横浜中華街博物館が、横浜中華街の中に開設されることを期待したい。

あとがき

日本のＮＰＯ法人「言論ＮＰＯ」と中国の「中国国際出版集団」が毎年実施している「日中共同世論調査」の二〇二一年の結果が、一〇月二〇日に発表された。中国人の日本に対する印象を「良くない」（「どちらかといえば良くない」を含む）とする回答は六六・一パーセントだった。これに対して、日本人で中国に対する印象を「良くない」と考える人は、なんと九〇・九パーセントに上った。

約九一パーセントもの日本人が中国に対して良くない印象をもちながらも、横浜中華街は横浜のもっとも人気のある観光地の一つである。横浜中華街を訪れる日本人の多くは、横浜中華街と中国の政治体制を切り離してとらえていると言えよう。本書の第七章でも述べたように、「中華街には台湾海峡はない」のである。

本書が横浜中華街へのさらなる理解と関心を深め、多文化、多国籍化が進む日本の今後のあり方への議論の一助になることを願ってやまない。

本書を執筆することができたのは、これまで多くの方々にご協力いただいたおかげである。伊藤泉美（横浜ユーラシア文化館副館長）、曽徳深（横浜山手中華学園理事長）、林兼正（横浜中華街「街づくり」団体連合協議会会長）、符順和（横浜中華街の塾「寺子屋」主宰）の諸氏には、日頃から横浜中華街に関する貴重な資料、情報、発表の機会などを提供していただいた。また、横浜中華街発展会協同組合理事長、高橋伸昌氏には、コロナ禍のあわただしい中、筆者のインタビューに快く応じていただいた。皆様方に心よりお礼申し上げる。

本書に関する調査には、二〇一七〜二一年度日本学術振興会・科学研究費補助金基盤研究（B）、課題番号17H02425（研究代表者：山下清海）の研究費の一部を使用させていただいた。

末筆ながら、本書の企画、編集、刊行に至るまで、筑摩書房編集部の河内卓氏には、たいへんお世話になった。河内氏は、二〇〇六年から一四年まで横浜中華街の関帝廟近くのマンションにお住まいであった。河内氏に原稿を渡す際、卒業論文の下書きを私に提出するゼミの学生の不安そうな表情が頭に浮かんできた。朱が入れられたコメントは、ベテラン編集者プラス横浜中華街の事情通ならではの的確な指摘ばかりであった。深く感謝申し上げる次第である。

二〇二一年一一月

山下清海

参考文献

日本語文献

秋本益利（一九六三）「居留地の変容」横浜市編『横浜市史　第三巻下』横浜市、七三一〜八五九頁
伊東敦子（二〇〇七）「横浜中華街における地形学習の可能性——地形と土地利用の観察から」『早実研究紀要』第四一号、二四五〜二五七頁
伊藤泉美（一九九六）「ピアノ製造と横浜華僑」『開港のひろば』第五一号、六〜七頁
伊藤泉美（二〇一八）『横浜華僑社会の形成と発展——幕末開港期から関東大震災復興期まで』山川出版社
今井清一（二〇〇二）『新版　大空襲5月29日——第二次大戦と横浜』有隣堂
今井清一（二〇二〇）『関東大震災と中国人虐殺事件』朔北社
今井清一監修、仁木ふみ子編（二〇〇八）『史料集　関東大震災下の中国人虐殺事件』明石書店
岩井孝夫（二〇〇五）「神戸南京町 vs 横浜中華街」山下清海編『華人社会がわかる本——中国から世界へ広がるネットワークの歴史、社会、文化』明石書店、一一三〜一一九頁
岩壁義光編（一九八九）『横浜絵地図』有隣堂
臼井勝美（一九六三）「横浜居留地の中国人」横浜市編『横浜市史　第三巻下』横浜市、八六〇〜九一三頁
内田直作（一九四九）『日本華僑社会の研究』同文館
内田直作（一九五八）「安政開国とイギリス資本——その協同方式に関する覚書」『成城大学経済研究』八・九合併号、三三七〜三四六頁
内田直作（一九六七）「華僑」鹿島平和研究所編『中華民国・華僑』鹿島研究所出版会
王維（二〇〇三）『素顔の中華街』洋泉社

王雪萍（二〇〇〇）「中華人民共和国初期の留学生・華僑帰国促進政策――中国の対日・対米二国間交渉過程分析を通じて」『中国21』第三三巻、一五五～一七八頁
王雪萍（二〇一四）「一九五〇年代に中国大陸に帰国した留日学生・華僑と日中関係」東洋文庫一九五〇年代史研究会定例研究会（二〇一四年一月二五日）
大塚昌利（二〇一一）「地図で読む居留地の変容」『地図中心』二〇一一年一二月号、三～六頁
太田久好（一八九二）『横浜沿革誌』太田久好
大野林火（一九五七）「山陰にひめる中国人の郷愁――地蔵王廟」淵野修編『横浜今昔』毎日新聞社横浜支局、六七～七〇頁
小笠原謙三（二〇〇九）『孫文を支えた横浜華僑温炳臣・恵臣兄弟』八坂書房
乙部純子（二〇〇五）「横浜居留地における中国人集住地区の空間構造」『華僑華人研究』二号、七九～九二頁
神奈川県編（一九二七）『神奈川県震災誌』神奈川県
神奈川県庁編（一九二八）『吾等の神奈川県』神奈川県庁
神奈川県立図書館編（一九七一）『神奈川県史料　第七巻（外務部二）』神奈川県立図書館
「関帝廟と横浜華僑」編集委員会編（二〇一四）『関聖帝君　鎮座150周年記念　関帝廟と横浜華僑』自在
久保田文次（二〇一一）『孫文・辛亥革命と日本人』汲古書院
小西四郎（一九七七）『錦絵　幕末明治の歴史2　横浜開港』講談社
今柊二（二〇一三）『土曜の昼は中華街』神奈川新聞社
財団法人中華会館編（一九九七）『地蔵王廟――横浜市指定文化財　地蔵王廟修復工事報告書』財団法人中華会館
財団法人中華会館・横浜開港資料館編（二〇一〇）『横浜華僑の記憶――横浜華僑口述歴史記録集』財団法人中華会館
齋藤譲司・市川康夫・山下清海（二〇一一）「横浜における外国人居留地および中華街の変容」『地理空間』第四

巻第一号、五六〜六九頁
佐藤和孝・足立倫行ほか（一九八八）『横浜中華街（とんぼの本）』新潮社
社団法人留日広東同郷会編（一九七六）『社団法人留日広東同郷会第一〇周年紀念特刊』社団法人留日広東同郷会
白神義夫（一九七三）『華僑一代——身ひとつから金を動かすまで110ヵ条』主婦と生活社
菅原一孝（一九九六）『横浜中華街探検』講談社
菅原幸助（一九九一）『日本の華僑　改訂版』朝日新聞社
曽徳深（二〇〇五）「横浜中華街——不易と流行」山下清海編『華人社会がわかる本——中国から世界へ広がるネットワークの歴史、社会、文化』明石書店、九一〜九八頁
田中健之（二〇〇九）『横浜中華街——世界最強のチャイナタウン』中央公論新社
陳水發（一九九七）『論文評論　横浜の華僑社会と伝統文化』中日文化研究所
陳天璽（二〇〇五）『無国籍』新潮社
陳優継（二〇〇九）『ちゃんぽんと長崎華僑——美味しい日中文化交流史』長崎新聞社
陳立人（一九八五）『チャイナタウン　ヨコハマ』徳間書房
『豆彩』編集部編（二〇一八）『横浜中華街万華鏡　豆彩年代記1997〜2008』珠江実業公司
中区制50周年記念事業実行委員会編（一九八五）『横浜中区史——人びとが語る激動の歴史』中区制50周年記念事業実行委員会
西川武臣・伊藤泉美（二〇〇二）『開国日本と横浜中華街』大修館書店
ハイロン張沢（一九九七）『横浜中華街本当の楽しみ方——当代一の中華料理デザイナーがそっと教える』メディアファクトリー
服部一馬（一九五九）「外国商人との関係」横浜市編『横浜市史第二巻』横浜市、七〇六〜七二七頁
林兼正（二〇一〇）『なぜ、横浜中華街に人が集まるのか』祥伝社

林兼正（二〇一四）『横浜中華街　街づくりはたたかいだ』神奈川新聞社
半澤正時編（一九八九）『横浜絵葉書』有隣堂
土方定一・坂本勝比古編（一九七八）『明治大正図誌　第四巻　横浜・神戸』筑摩書房
古川猛編（二〇〇九）『日本で活躍する在日新華僑』東方通信社
松信太助編、石井光太郎・東海林静男監修（一九八九）『横浜近代史総合年表』有隣堂
村上令一（一九九七）『横浜中華街的華僑伝』新風舎
山縣由布（二〇〇九）『中華街の女仙——激動の昭和を乗り越え八二歳現役の夢』文芸社
山口辰男（一九六三）「横浜中華街の生態研究（三）　中華街における華商の経営生態」『経済と貿易』八一号、九～三三頁
山口辰男（一九八二）『横浜三街物語——モトマチ・いせざき・西口』有隣堂
山下清海（一九七九）「横浜中華街在留中国人の生活様式」『人文地理』第三一巻第四号、三三一～三四八頁
山下清海（一九八七）『東南アジアのチャイナタウン』古今書院
山下清海（一九八八）『シンガポールの華人社会』大明堂
山下清海（一九九一）「横浜中華街と華僑社会——開港から第二次世界大戦まで」山本正三編『首都圏の空間構造』二宮書店、二一一～二二〇頁
山下清海（二〇〇〇）『チャイナタウン——世界に広がる華人ネットワーク』丸善
山下清海（二〇〇二）『東南アジア華人社会と中国僑郷——華人・チャイナタウンの人文地理学的考察』古今書院
山下清海（二〇一〇）『池袋チャイナタウン——都内最大の新華僑街の実像に迫る』洋泉社
山下清海（二〇一一）「世界のチャイナタウンからみた横浜中華街」『地図中心』二〇一一年一二月号、二一～二三頁
山下清海（二〇一六）『新・中華街——世界各地で〈華人社会〉は変貌する』講談社

山下清海（二〇一九）『世界のチャイナタウンの形成と変容――フィールドワークから華人社会を探究する』明石書店
山下清海編（二〇〇五）『華人社会がわかる本――中国から世界へ広がるネットワークの歴史、社会、文化』明石書店
山下清海編（二〇一四）『改革開放後の中国僑郷――在日老華僑・新華僑の出身地の変容』明石書店
山下清海編（二〇一六）『世界と日本の移民エスニック集団とホスト社会――日本社会の多文化化に向けたエスニック・コンフリクト研究』明石書店
山下清海・秋田大学地理学研究室学生（一九九七）「横浜中華街と大久保エスニックタウン――日本における新旧2つのエスニックタウン」秋大地理、第四四号、五七～六八頁
山室周平・河村十寸穂（一九六三）「横浜在留華僑の特質に関する若干の考察（その一）」『横浜国立大学人文紀要　第一類哲学・社会科学』九輯、一～四〇頁
横田洋一編（一九八九）『横浜浮世絵』有隣堂
横浜開港資料館編（二〇〇九）『横浜中華街150年　落地生根の歳月』横浜開港資料館
横浜開港資料館・（財）横浜開港資料普及協会編（一九九四）『横浜中華街――開港から震災まで』横浜開港資料館・（財）横浜開港資料普及協会
横浜開港資料館・（財）横浜開港資料普及協会編（一九九八）『図説　横浜外国人居留地』有隣堂
横浜開港資料館・横浜市歴史博物館編（一九九九）『開港場横浜ものがたり　1859―1899』横浜開港資料館・横浜市歴史博物館
横浜開港資料館・読売新聞東京本社横浜支局共編（二〇一〇）『横浜150年の歴史と現在――開港場物語』明石書店
『横浜華僑婦女会五十年史』編集委員会編（二〇〇四）『横浜華僑婦女会五十年史――横浜華僑婦女百年歴程』横浜華僑婦女会

横浜市編（一九五九）『横浜市史　第二巻』横浜市
横浜市企画調整局編（一九八一）『港町・横浜の都市形成史』横浜市企画調整局
横浜市教育委員会編（一九九二）『横浜の歴史　平成四年度版　中学生用（二二版）』横浜市教育委員会
横浜市建築局企画管理課編（一九八九）『横浜・都市と建築の一〇〇年』横浜市建築局企画管理課
横浜市総務局市史編集室編（二〇〇〇）『横浜市史Ⅱ　資料編7　戦災復興と都市計画』横浜市
横浜市役所編（一九三二a）『横浜市史稿　風俗編』横浜市役所
横浜市役所編（一九三二b）『横浜市史稿　教育編』横浜市役所
横浜市役所編（一九三二c）『横浜市史稿　地理編』（一九八五年復刻版、臨川書店）
横浜市役所市史編纂係（一九二六）『横浜市震災誌　第三冊』横浜市
横浜商科大学編（二〇〇九）『横浜中華街の世界　横浜商科大学中華街まちなかキャンパス』横浜商科大学
横浜商業会議所編（一九〇九）『横浜開港五十年史　下巻』横浜商工会議所
横浜中華街発展会協同組合監修（二〇〇五）『横浜中華街オフィシャルガイドブック2005―06』生活情報センター
横浜都市発展記念館編（二〇〇三）『目でみる「都市横浜」のあゆみ』横浜都市発展記念館
読売新聞社横浜支局（一九九八）『落地生根――横浜中華街物語』アドア出版

中国語文献

王良主編（一九九五）『横濱華僑誌』財団法人中華会館
温州華僑華人研究所編（一九九九）『温州華僑史』今日中国出版社
華僑志編纂委員会編（一九六五）『華僑志　日本』華僑志編纂委員会
『横浜山手中華学校百年校誌』編輯委員会編（二〇〇五）『横浜山手中華学校百年校誌』学校法人横浜山手中華学園

ウェブサイト

神奈川県歴史教育者協議会「曽徳深さんおおいに語る　横浜中華街の戦中・戦後」https://kana-reki.jimdofree.com/神奈川歴教協/フィールドワーク/2015-11-23-関内-中華街-講演記録

関東学院大学特別公開講座第三回「関内学　林兼正萬珍樓代表取締役社長」https://www.youtube.com/watch?v=YPT-wujBt-A

中華街ランチ探偵団「酔華」https://blog.goo.ne.jp/chuka-champ

豆彩「中華街でニイハオ　創　ＳＯＵ　曽徳深さん」http://www.oisii-net.co.jp/tousai/0802/nihao.html

日活映画ロケ地マップ（日活株式会社）https://www.nikkatsu.com/locationmap/index.html

ヨコハマ経済新聞　https://www.hamakei.com/

横浜中華街発展会　https://www.chinatown.or.jp/hattenkai/

横浜中華街発展会協同組合「横浜中華街」https://www.chinatown.or.jp/

横浜中法人協会「インタビュー　曽徳深氏　２００６年４月」https://www.hohjinkai.or.jp/interview/0604.html

横浜山手中華学校　http://yycs.ed.jp/

『ＮＥＷＳポストセブン』二〇一五年二月七日「15年で市場半減のウーロン茶離れ　国産登場で歯止めかかるか」https://www.news-postseven.com/archives/20150207_302163.htm

横浜中華街関係年表

年	事項
1854（安政 1）	日米和親条約、横浜で締結
1858（安政 5）	日米修好通商条規調印。以後、日蘭・日露・日英・日仏間でも調印（安政の五カ国条約）
1859（安政 6）	神奈川（横浜）・長崎・箱館（函館）開港
1866（慶応 2）	豚屋火事で外国人居留地の大部分に延焼。山手 177 番地に中国人専用墓地
1867（慶応 3）	王政復古の大号令。翌 1868 年、明治維新。山手地区を外国人居留地に編入。清国人集会所（中華会館の前身）設立
1870（明治 3）	会芳楼（劇場・料亭）開設（山下居留地 135 番地、現・山下町公園）
1871（明治 4）	日清修好条規締結。山下居留地 140 番地に関帝廟竣工
1873（明治 6）	中華会館、神奈川県より大尻（現大芝台）の墓地用地を貸与（中華義荘）
1875（明治 8）	横浜・上海航路開設。三江地方出身者の増加
1878（明治 11）	清国領事館（山下居留地 145 番地）開設
1883（明治 16）	清国領事館の新館開設（山下居留地 135 番地、現・山下町公園）
1892（明治 25）	中華義荘内に「地蔵王廟」建立
1894（明治 27）	日清戦争勃発により華僑の帰国者増加
1895（明治 28）	日清戦争（1894 ～ 95 年）の講和条約（下関条約）で、遼東半島・台湾・澎湖諸島の日本への割譲。孫文、広州蜂起に失敗。横浜へ亡命。孫文ら「興中会横浜支部」を創立
1898（明治 31）	横浜大同学校、開校
1899（明治 32）	外国人居留地廃止、外国人居留地内の 30 カ町名を「山下町」に統一
1901（明治 34）	中華学校（中華学堂）設立
1903（明治 36）	中華会館設立（山下町 140 番地）
1904（明治 37）	日露戦争（～ 1905 年）

1905（明治38）	7月18日、孫文、フランス船トンキン丸で横浜に入港、在日清国留学生100人出迎える。孫文ら東京で中国革命同盟会結成
1908（明治41）	横浜華僑学校設立
1911（明治44）	武昌挙兵（10月10日）、辛亥革命成功
1912（明治45、大正1）	中華民国成立。帰国華僑増加。孫文、南京で臨時大総統に就任。のちに袁世凱が大総統へ
1915（大正4）	日本、袁世凱政府に二十一カ条の要求。中国で反日運動高まり。
1923（大正12）	関東大震災
1924（大正13）	横浜大同学校・華僑学校・中華学校が合併し、広東小学校設立（1926年、横浜中華公立小学校へ）
1931（昭和6）	満州事変。翌1932年、満州国の建国宣言
1937（昭和12）	盧溝橋事件を契機に日中戦争へ（～1945年）。華僑の帰国者増加
1941（昭和16）	太平洋戦争開戦
1945（昭和20）	横浜大空襲（5月29日）で南京町は焦土と化す。終戦後、ＧＨＱによる接収（南京町の接収は免れる）。南京町はヤミ市へ
1946（昭和21）	横浜中華小学校、北京語で授業開始
1949（昭和24）	中華人民共和国成立（10月1日）
1950（昭和25）	朝鮮戦争（1953年、休戦）の影響で、中華街、アメリカ兵相手の歓楽街化が進む
1952（昭和27）	横浜華僑の集団帰国、第1次帰国者34人。「学校事件」発生。横浜華僑総会、大陸派・台湾派に分裂
1953（昭和28）	山手町に横浜中華学校山手臨時校舎を建設（1957年、横浜山手中華学校に改名）
1955（昭和30）	横浜中華街初の牌楼（善隣門）完成
1956（昭和31）	中華街発展会（横浜中華街発展会協同組合の前身）設立
1964（昭和39）	根岸線桜木町—磯子間が開通。横浜中華街最寄り駅、石川町駅・関内駅が開設。東京オリンピック（10月）開催
1971（昭和46）	横浜中華街発展会協同組合設立。
1972（昭和47）	日中国交正常化、台湾と断交。上野動物園にパンダ

1976（昭和51）	毛沢東死去。文化大革命指導者、江青・張春橋ら四人組逮捕。文化大革命終結へ
1986（昭和61）	元旦、関帝廟焼失。第1回「春節」開催
1989（平成元）	善隣門、改修
1990（平成2）	再建された関帝廟、落成
1995（平成7）	牌楼完成記念祭。中華街憲章制定
1998（平成10）	公衆トイレ「洗手亭」完成
2001（平成13）	横浜中華街コンシュルジュ制度、開設。JR石川町駅北口に10番目の牌楼「西陽門」完成
2004（平成16）	みなとみらい（MM）線開通、東横線と相互直通運転。「元町・中華街駅」開設
2005（平成17）	中華街大通り改修、赤い電柱撤去・電線地中化、歩道・車道の段差縮小化、街路樹の植栽
2006（平成18）	横浜媽祖廟（天后宮）開廟。横浜中華街「街づくり協定」施行
2008（平成20）	毒入り中国製冷凍餃子事件の影響で、来訪者が一時減少。第1回「美食節」開催
2010（平成22）	横浜山手中華学校、JR石川町近くの新校舎に移転
2012（平成24）	尖閣諸島国有化で、中国で反日デモ激化。日中関係悪化のため国慶節のパレード中止
2013（平成25）	みなとみらい線と東横線・東京メトロ副都心線が相互直通運転開始
2020（令和2）	新型コロナウイルス感染拡大で、横浜中華街来訪者が大きく減少

〔参考文献〕

伊藤泉美（2018）、王良主編（1995）、財団法人中華会館・横浜開港資料館編（2010）、林兼正（2014）、松信太助編、石井光太郎・東海林静男監修（1989）、横浜開港資料館編（2009）、『横浜華僑婦女会五十年史』編集委員会編（2004）、横浜都市発展記念館編（2003）、朝日新聞、神奈川新聞、東京新聞、日本経済新聞、毎日新聞、読売新聞

山下清海 やました・きよみ

筑波大学大学院地球科学研究科博士課程修了。理学博士。立正大学地球環境科学部地理学科教授、筑波大学名誉教授。専門は、人文地理学、華僑・華人研究。著書に『世界のチャイナタウンの形成と変容』（明石書店）、『新・中華街』（講談社選書メチエ）、『池袋チャイナタウン』（洋泉社）、『東南アジア華人社会と中国僑郷』（古今書院）、『チャイナタウン』（丸善ブックス）などがある。

筑摩選書 0224

横浜中華街《よこはまちゅうかがい》
世界《せかい》に誇《ほこ》るチャイナタウンの地理《ちり》・歴史《れきし》

二〇二一年一二月一五日　初版第一刷発行

著者　山下清海《やましたきよみ》

発行者　喜入冬子

発行所　株式会社筑摩書房
東京都台東区蔵前二-五-三　郵便番号　一一一-八七五五
電話番号　〇三-五六八七-二六〇一（代表）

装幀者　神田昇和

印刷 製本　中央精版印刷株式会社

ISBN978-4-480-01742-0 C0325

筑摩選書 0174

台湾物語

「麗しの島」の過去・現在・未来

新井一二三

ガイドブックよりも深く知りたい人のために！ 台湾でも活躍する作家が、歴史、ことば、民俗、建築、映画、そして台北、台中、台南などの街と人々の物語を語る。

筑摩選書 0192

アジア主義全史

嵯峨隆

アジア諸国と連帯して西洋列強からのアジア解放を目指したアジア主義。その江戸時代から現在までの全史をたどりつつ、今後のアジア共生に向けて再評価する試み。

筑摩選書 0200

ずばり東京2020

武田徹

日本橋、ペット、葬儀、ＪＲの落し物……。かつてと比べ東京は何が変わったのか。コロナ禍に見舞われるまでの約2年を複眼的に描き出した力作ノンフィクション。

筑摩選書 0202

盆踊りの戦後史

「ふるさと」の喪失と創造

大石始

敗戦後の鎮魂の盆踊り、団地やニュータウンの盆踊り、野外フェスブーム以後の盆踊り、コロナ禍と盆踊り……その歴史をたどるとコミュニティーの変遷も見えてくる。

筑摩選書 0214

中国共産党、その百年

石川禎浩

創立百周年を迎える中国共産党。いかにして超巨大政権党となったのか、この組織の中核的属性はどのように形作られたのか、多角的に浮き彫りにした最良の通史！